VIE

DE

M. LOUIS-ALPHONSE TAILLANDIER

PRÊTRE DES MISSIONS ÉTRANGÈRES

> Omnis qui reliquerit domum, vel
> fratres, vel sorores, aut patrem aut
> matrem, propter nomen meum, cen-
> tuplum accipiet.
> (S. Math. XIX, 29).

LAVAL

—

1893

VIE

DE M. LOUIS-ALPHONSE TAILLANDIER

VIE

DE

M. LOUIS-ALPHONSE TAILLANDIER

PRÊTRE DES MISSIONS ÉTRANGÈRES

Omnis qui reliquerit domum, vel
fratres, vel sorores, aut patrem aut
matrem, propter nomen meum, cen-
tuplum accipiet.
(S. Math. XIX. 29).

LAVAL

LIBRAIRIE AUGUSTE GOUPIL

—

1893

VIE

DE M. LOUIS-ALPHONSE TAILLANDIER

PRÊTRE DES MISSIONS ÉTRANGÈRES

CHAPITRE I

Naissance de Louis Taillandier. — Sa famille. — M. Houdbine, curé de Denazé. — La famille Taillandier à Montjean. — Louis à Cossé-le-Vivien et au collège de Château-Gontier. — Sa vocation sacerdotale.

Louis-Alphonse TAILLANDIER naquit au
village de Chauvigné, en la paroisse de Denazé,
au doyenné de Craon, le 12 août 1815, d'une
famille honorable et considérée.

Son père, Louis-Pierre-Dosithée Taillandier,
remplissait alors les fonctions de maire de sa
commune. Originaire de Montjean, près de Laval, il avait épousé, le 30 juillet 1813, Perrine-

Jeanne Besnier, née elle-même à Denazé, le 3 mars 1794 [1].

Louis-Alphonse Taillandier, baptisé le jour même de sa naissance par M. le curé François Houdbine [2] dans l'église de Denazé, était le second enfant issu de cette union : une fille, Perrine-Jeanne, née le 29 mai 1814, mourut fort jeune [3], aussi, plus tard, notre missionnaire se considéra-t-il toujours comme l'aîné de la famille.

Celle-ci, d'ailleurs, s'augmenta rapidement, et Dieu, dans sa bonté infinie, donna successivement à Louis de nombreux frères et sœurs :

1. Perrine Besnier était fille de Pierre Besnier et de Jeanne Lamy. Son oncle maternel, François Lamy, fils de Luc Lamy, et curé de St-Martin-du-Limet où il mourut vers 1820, assistait comme témoin au mariage de sa nièce.

2. M. François-Jacques Houdbine, curé de Denazé, confesseur de la foi, était vicaire à Quelaines en 1790, alors que son frère Marin-François était curé de la même paroisse. Tous deux refusèrent de prêter le serment à la Constitution civile du clergé, et le 13 février 1791, le citoyen Guillaume Beauvais, maire de Quelaines, constata dans un procès-verbal qu'à ce jour les deux frères « n'avoient encore fait aucune offre de serment. » Un curé intrus fut nommé le 25 juillet 1791 ; un autre le 31 octobre de la même année. MM. Houdbine refusèrent d'abandonner leur poste. La municipalité demanda de conserver ses anciens prêtres.

3. Elle mourut à Cossé-le-Vivien, le 26 août 1827.

Victor, né le 3 février 1817 ; Léon, né le dernier de février 1818 ; Sophie, le 18 février 1819 ; Euphrasie, le 26 avril 1820 ; Dosithée, le 16 mai 1822 ; Constant, le 13 juin 1824 ; Eugène, le 31 août 1827, et Marie, le 20 juin 1832.

Un contemporain vénérable qui connut autrefois la famille Taillandier et eut de nombreux rapports avec elle, nous entendant parler de cette maison et la qualifier de patriarcale, nous reprit vivement pour ajouter : « Ce n'est pas assez dire, c'était une famille de saints. »

Possédant une fortune modeste qu'ils augmentaient chaque jour grâce à leur intelligence et à leur travail, M. et Mme Taillandier regardaient avec raison leurs nombreux enfants comme une bénédiction du Ciel et la meilleure richesse de leur foyer ; aussi ne négligèrent-ils rien pour inculquer aux jeunes âmes confiées à leurs soins les idées de piété, d'ordre et de travail qu'ils possédaient à un haut degré.

Les premières années de Louis-Alphonse Taillandier ne nous sont guère connues ; elles importent peu, d'ailleurs, au but que nous nous sommes proposé et qui est d'écrire *la vie du missionnaire et du confesseur de la Foi.* Cependant, nous savons, par les témoignages irrécusables de ses contemporains, que Louis donna, dès son jeune âge, les marques de la plus vive et de la plus tendre piété : les solennités du culte avaient un attrait irrésistible pour lui, et le souvenir de ces belles fêtes paroissiales le poursuivait au milieu de ses courses apostoliques, ainsi qu'il prend soin de le rappeler lui-même dans les lettres qu'il adressera plus tard à sa famille. Elevé par les soins d'une pieuse mère, au sein d'un intérieur vraiment chrétien, on conçoit sans peine avec quel redoublement de sainte sollicitude, Louis, qui faisait de rapides progrès dans la vertu, fut préparé au grand acte de sa première communion.

M. Houdbine étant mort, ce fut sous la direction de son successeur, M. Taburet, que notre futur missionnaire reçut les enseignements du catéchisme et fit ses communions dans l'église où il avait reçu le baptême.

A l'âge de douze ans, Louis quitta Denazé et suivit sa famille qui vint s'installer à la Bergerie, paroisse de Montjean.

Peu après, nous le trouvons à Cossé-le-Vivien où l'avait appelé l'affectueux intérêt de son parent, M. Davost[1], curé de cette impor-

1. M. l'abbé François Davost était le cousin issu de germain de Louis Taillandier : ce dernier l'appelle constamment son oncle (à la mode de Bretagne), dans sa correspondance. Né à Méral, le

tante paroisse ; tout en suivant la direction spirituelle de cet excellent prêtre, le jeune Taillandier apprit les éléments de la langue latine chez l'instituteur, M. Jallier[1], où il séjourna deux années.

Désireux de compléter l'instruction de leur fils, M. et Mᵐᵉ Taillandier résolurent d'envoyer Louis au collège de Château-Gontier. Fondé au commencement du XVIIIᵐᵉ siècle, cet établissement, très florissant avant la Révolution[2], n'avait pas tardé à retrouver, après la Terreur, et sous la longue (1778-1830) et habile administration de l'abbé Basile Horeau, la vogue et la notoriété d'autrefois.

Le jeune Taillandier fit son entrée au collège au mois d'octobre 1830 : il était élève de qua-

4 août 1800, M. l'abbé Davost fut successivement vicaire à Cossé, en 1823, curé de cette paroisse, en 1824, puis de la Trinité, à Laval, en 1844, jusqu'à sa mort, arrivée le 4 novembre 1876.

1. M. Jallier commença ainsi nombre d'élèves qui allaient achever leurs études au collège de Château-Gontier. Parmi les enfants dont le Ciel gratifia son foyer, M. Jallier eut la satisfaction de former un instituteur et une institutrice, trois de ses fils furent prêtres et trois de ses filles se firent religieuses

2. « Le collège de Château-Gontier est très florissant ; il compte 400 élèves ; on y vient même des Isles. » (*Enquête scolaire de l'an IX, faite par ordre de Chaptal*).

trième. Pendant tout le temps qu'il passa à Château-Gontier, Louis continua d'être le modèle de tous ses condisciples. Son caractère était plus sérieux que ne l'est ordinairement celui des enfants de son âge. Il partageait, nous dit un contemporain, son temps entre l'étude et la prière. Pendant ses récréations, il se montrait aimable, gai, sans jamais se laisser aller à une grande dissipation. Louis fit de sérieuses études sans cependant avoir été un élève extraordinaire. Il occupait une bonne moyenne dans son cours, et un palmarès de 1833, que nous avons sous les yeux, nous apprend qu'étant en seconde, il eut sept accessits et le prix de dessin.

Chaque année, les vacances ramenaient à Montjean, au sein d'une famille heureuse de le posséder, notre jeune et pieux collégien. Fidèle à des habitudes méthodiques qu'il devait conserver toute sa vie, Louis partageait alors son temps entre des visites aux parents qu'il avait dans la contrée, l'étude des livres saints, la fréquentation assidue des prêtres du voisinage et des exercices de piété.

Ces derniers devinrent bientôt si fervents et si multipliés, que personne ne fut surpris quand au mois d'août 1834, Louis annonça définitivement son intention d'entrer au séminaire.

Ses parents, chrétiens comme nous les connaissons, se réjouirent beaucoup en apprenant
le dessein formé par leur fils aîné de se consacrer au saint ministère des âmes. Ils firent
sans murmurer contre l'appel divin, ce premier sacrifice qu'ils ne supposaient pas alors
devoir être aussi complet.

CHAPITRE II

Séjour au séminaire du Mans — Eugène Taillandier. — Louis Taillandier sous diacre. — Mort édifiante d'Eugène. — L'abbé Taillandier, diacre. — Vocation déterminée pour les Missions. — Départ pour le séminaire des Missions étrangères, à Paris. — Désirée Taillandier, religieuse.

Louis Taillandier entra au séminaire du Mans au mois d'octobre 1834. Nous ne pouvons savoir quelques détails sur sa nouvelle vie que par les bien rares lettres de cette époque conservées par la famille.

Le 11 janvier 1835, il écrit à son jeune frère Constant, alors élève au collège de Château-Gontier, une longue et aimable lettre que nous regrettons de ne pouvoir donner dans son entier. Constant était alors âgé de onze ans. Son frère lui fait d'abord un charmant petit cours de style épistolaire, l'engage à bien travailler pour faire des progrès, pour satisfaire ses maîtres et surtout pour ne pas offenser le bon Dieu. Enfin, parlant de sa vie au séminaire il lui dit : « Je suis bien accoutumé ici. Je me plaisais beaucoup à Château-Gontier, mais à Saint-Vincent[1] je me trouve encore mieux. Nous ne sommes plus traités en écoliers, nous n'avons plus de punitions et nos maîtres nous regardent comme des gens raisonnables. Tu vas peut-être dire qu'ils ont quelquefois grand tort et que de temps à autre nous mériterions un bon pensum. C'est vrai, mais nous nous en passons fort bien. Chaque jour, nous avons deux heures de récréation, une heure après le dîner, une autre après le souper. Le dimanche, c'est le même règlement. En dehors de ces deux heures de récréation, nous devons garder le silence. Cela te paraîtrait bien dur, n'est-ce pas ?. . . . . »

M. Taillandier aimait surtout sa petite cellule. Là dans le silence, il pouvait se livrer entièrement à ses deux exercices de prédilection : la prière et l'étude.

Le 26 novembre 1835, Louis écrit à son jeune frère : « Mardi dernier, Monseigneur est venu à Saint-Vincent : Sa Grandeur a fait faire son portrait et l'a donné au séminaire. Pour cette raison, Monseigneur est venu dîner avec nous et nous a fait l'honneur de nous rassembler

---

1. Le séminaire du Mans, d'abord établi dans l'hôtel de Tessé, fut transféré en 1816 dans l'ancienne abbaye de Saint-Vincent.

autour de lui dans la cour. Il nous a adressé quelques bonnes paroles, puis à cause du beau temps il nous a envoyés en promenade [1]...

« Nous avons vu, il y a bientôt quinze jours, un évêque d'Amérique, originaire du diocèse de Rennes. Il voulait emmener quelques-uns d'entre nous pour peupler son diocèse de Vincennes (c'est ainsi qu'on le nomme) où il n'a encore que quatre prêtres avec lui. »

M. Taillandier se contente de signaler ce fait sans le moindre commentaire. La vocation de missionnaire ne s'était pas encore manifestée en lui. La vie au séminaire restait pour notre abbé ce qu'elle doit être pour tout bon séminariste : calme, recueillie, pieuse.

Louis se plaisait toujours beaucoup à Saint-Vincent. Cependant, dans une de ses lettres datée du 2 mars 1836, il se plaint un peu de la monotonie de cette existence. Dans cette lettre écrite à son frère Constant, il lui dit : « Renfermés entre nos quatre murailles, nous n'entendons pas aussi souvent que vous de bonne musique. Hier soir, par extraordinaire, un étranger qui chantait admirablement s'est fait

1. Mgr Jean-Baptiste Bouvier, évêque du Mans, né le 16 janvier 1783, à Saint-Charles-la-Forêt, nommé au siège du Mans le 22 novembre 1833, sacré dans sa cathédrale le 20 janvier 1834.

accompagner par quelques messieurs de la ville
et nous a donné un concert auquel assistait
Monseigneur avec plusieurs ecclésiastiques du
Mans. »

Déjà dans plusieurs lettres, nous avons remarqué combien M. Taillandier goûtait la
musique et les nombreux encouragements qu'il
donnait à son jeune frère pour le pousser à étu-
dier le plain-chant, la musique vocale et un instrument à son choix.

Cette même année 1836, Constant Taillandier
devait faire au collège de Château-Gontier sa
première communion. Notre séminariste ne pouvait laisser passer une circonstance si solennelle pour son jeune frère sans lui adresser ses
pieux conseils.

« J'ai entendu dire, lui écrit-il le 6 mai, que
Monseigneur doit aller à Château-Gontier vous
donner la Communion le jour de l'Ascension.
Ce sera pour vous un grand honneur. J'espère
qu'après la retraite que vous avez eue à Pâques
et celle que vous allez encore suivre, Sa Grandeur ne trouvera plus parmi vous que de petits
saints... »

Cette retraite fut prêchée par l'abbé Mo-
reau, le futur fondateur des Prêtres de Notre-
Dame de Sainte-Croix, qui à juste titre passait
pour un orateur aussi pieux qu'éloquent.

Monseigneur Bouvier se plaisait à retourner de temps à autre au collège de Château-Gontier où il avait débuté après son ordination sacerdotale en qualité de professeur de philosophie.

Constant Taillandier s'accoutumait difficilement à la vie de collège. Son frère répète constamment dans ses lettres les mêmes exhortations. Dans celle du 13 novembre 1836, il dit à son jeune frère : « Je ne me suis jamais fait de mauvais sang à Château-Gontier, au contraire, je m'y plaisais beaucoup. Nous sommes frères, pourquoi nos goûts seraient-ils différents sur ce point ? Si tu veux être heureux au collège il faut bien travailler et aimer le bon Dieu de tout son cœur ? Aimes-tu bien à prier ? C'est là ce qui fait mon plus grand bonheur. Essaie donc un peu et tu verras que tu éprouveras la même joie... »

Si nous donnons de nombreux extraits de la correspondance de notre séminariste, c'est que nous sommes persuadé qu'il n'y a pas de meilleur moyen de faire connaître son caractère, ses impressions, ses sentiments. Nous continuerons d'employer la même méthode, nous dérobant pour ainsi dire afin de laisser notre héros parler et agir par lui-même.

Eugène Taillandier [1], le plus jeune frère de l'abbé Louis, vint au Mans au mois de novembre 1836. Ce charmant enfant, dont nous aurons l'occasion de parler plus d'une fois, montrait les plus heureuses dispositions pour l'étude et pour la piété. Il fût placé sous la direction de M. l'abbé Cottereau qui fût chargé de lui apprendre le catéchisme. « Je suis sûr qu'il en prendra grand soin, écrit l'abbé Taillandier à Constant, ils sont déjà une trentaine au moins et ils seraient davantage s'il y avait où les loger, mais comme le bâtiment qui leur est destiné n'est pas encore achevé, ils sont maintenant dans une maison de louage où ils sont fort en presse. Eugène apprend la musique vocale. Un des vicaires de la Couture qui est très proche du lieu où ils demeurent vient tous les jours leur en donner une leçon. Je les ai entendus une fois et je trouvai cela très beau. On verra aux vacances lequel des deux en saura le plus long. -

« Tu me dis que tu es dans le dortoir du milieu, dans le bâtiment neuf. Cela me rappelle mes années de collège. J'en ai passé quatre dans ce dortoir. J'étais à la quatrième croisée en commençant à compter du côté de la cour, mon lit était le cinquième sur la rue. Je me souviens

1. Né le 31 août 1827.

encore qu'à la Saint-Philippe, j'avais deux chandelles allumées à ma croisée, ce n'était pas moi qui les y avait mises, mais, puisqu'elles y étaient, je prenais la peine de les allumer lorsque le vent venait à les éteindre. »

Cette boutade nous montre assez que le bon abbé n'avait pour le roi-bourgeois qu'une estime relative et que ses sympathies politiques se portaient certainement ailleurs.

Les lettres suivantes, écrites à son frère Constant, sont fort peu intéressantes. Elles contiennent toutes l'éloge du petit Eugène « qui s'acquitte parfaitement de tous ses devoirs. Les notes sont excellentes sous tout rapport. Il n'y a sur son bulletin que bien et très bien. Il nous fera la leçon à tous. Pour moi, je n'ai jamais eu d'aussi bonnes notes ni toi, non plus, je pense[1]. »

Au mois d'avril 1837, le petit Eugène tomba gravement malade et M. Taillandier fût chargé de le reconduire à Montjean. Cette maladie devait être mortelle. Dans son principe elle n'offrait aucune gravité d'autant plus qu'à cette époque une épidémie de grippe sévissait avec force et que l'on pouvait facilement croire l'enfant atteint seulement de cette maladie généralement bénigne.

1. Lettre du 17 janvier 1837.

Les lettres de notre abbé ne laissent donc soupçonner aucune inquiétude au sujet du petit Eugène et toutes ses pensées sont concentrées sur sa préparation au sous-diaconat qu'il devait recevoir à la Trinité de cette année 1837.

Mgr Bouvier était alors très malade et les jeunes ordinands craignaient beaucoup que l'état de sa santé ne lui permit pas de faire l'ordination à cette date. L'abbé, dans une lettre à sa mère, datée du 8 mai 1837, nous apprend que Monseigneur était alors hors de danger. « Nous recevons des nouvelles deux fois par jour et Monsieur le Supérieur nous en fait part... »

La vie de Mgr Bouvier par Mgr Sebaux ne donne aucun détail sur cette maladie qui inspira tant de crainte à tout le diocèse du Mans. Enfin la santé de l'évêque fut bientôt assez rétablie pour lui permettre de faire l'ordination. Elle eût lieu le 20 mai dans la chapelle du séminaire. M. Berneux y fût promu au sacerdoce et M. Taillandier eût le bonheur d'être admis au sous-diaconat. Ses parents vinrent au Mans pour assister à cette belle et touchante cérémonie. Nous aurions certainement vu dans les lettres de notre séminariste l'expression de son bonheur, lorsqu'il s'offrit à Dieu d'une manière complète et irrévocable, mais un événement bien triste et disons-le bien consolant était survenu dans la famille à peu près à la même date et toutes les pensées du jeune lévite subirent une complète diversion.

La maladie d'Eugène Taillandier s'aggrava tout d'un coup et il rendit à Dieu son âme si belle, si candide, le 24 juin 1837.

Notre futur missionnaire apprit cette pénible nouvelle à son frère Constant. Sa lettre si touchante nous paraît digne d'être publiée :

« Tu n'auras plus, mon cher filleul, de petit camarade pour jouer pendant tes vacances. Tu savais qu'Eugène était très malade. Il a souffert considérablement surtout pendant les quinze derniers jours et a montré un courage qui surprenait tous ceux qui le venaient voir. Ce qui surtout remplissait tout le monde d'admiration, c'était son petit air de gaité et de douceur qu'il a conservé jusqu'à la fin. Il était aussi bien édifiant. Quand ses douleurs redoublaient, il portait amoureusement ses regards sur un Crucifix placé auprès de lui et quand on le lui présentait, il le baisait avec le plus grand respect. Lorsque M. le curé venait le voir il se découvrait aussitôt et un jour qu'il se trouvait très mal, M. le curé étant venu lui donner l'Extrême-Onction, Eugène s'apercevant qu'il récitait des prières, se mit de son côté à faire le signe de la croix et à prier de tout son cœur.

« Pendant qu'il était au Mans, Eugène avait fait des progrès extraordinaires, et il a étonné M. le curé par la justesse de ses réponses sur des questions de catéchisme. Il a été facilement jugé assez instruit pour recevoir le saint Viatique et quelques jours après cette première et dernière communion, il s'en est allé au ciel jouir du bonheur que Dieu réserve à ceux qui l'ont bien servi. Ainsi, mon cher Constant, sa mort, quoiqu'elle nous afflige beaucoup parce que nous perdons le plus aimable des frères doit nous laisser aussi beaucoup de consolation et le désir de servir le bon Dieu aussi bien que lui... »

Dès qu'il fût sous-diacre, M. Taillandier fût choisi par ses supérieurs pour aller dans une des paroisses de la ville porter secours aux prêtres chargés d'enseigner le catéchisme aux enfants des communions. A ce sujet, il écrit à Constant : « les enfants sont de petits polissons habitués à courir les rues, ils se tiennent à l'église comme dans une halle. »

Notre séminariste qui jugeait si sévèrement les jeunes Manceaux finit par les aimer, se faire respecter d'eux et les rendre attentifs à ses leçons.

M. Taillandier fut admis au diaconat le 23 décembre 1837.

Aux fêtes de Pâques 1838 notre jeune diacre assistait aux offices de la paroisse de Notre-Dame-du-Pré.

Déjà à cette époque on envoyait aux grandes fêtes des séminaristes dans les différentes églises du Mans pour qu'ils prêtassent leur concours au clergé et rehaussassent l'éclat des cérémonies. Notre saint jeune homme fût frappé de la nombreuse assistance qui prit part aux solennités pascales. Il écrivit à ses parents, à la date du 16 avril : « Beaucoup de chrétiens qui n'ont plus aucun respect pour les lois de l'Eglise, se font encore une espèce de devoir de venir aux offices du jour de Pâques. Mais les jours précédents, même le Jeudi-Saint, l'église était presque déserte.

« Quel sentiment de tristesse remplit le cœur des véritables chrétiens et surtout celui des ministres de l'autel en voyant un tel abandon des pratiques religieuses ! Bien des fois, pendant cette semaine, je me suis dit : « Si un ou deux des prêtres qui desservent cette paroisse étaient au milieu des peuples qui ne connaissent pas le vrai Dieu, s'ils leur adressaient la parole sacrée si infructueuse dans ce pays, quelles merveilles n'opéreraient-ils pas ! Combien d'âmes profiteraient de leur enseignement pour abandonner les idoles et servir le Dieu qui les a créées. Cette

pensée m'a vivement frappé et je me suis déjà
bien des fois offert à Dieu pour porter la bonne
nouvelle à ces pauvres peuples. Peut-être ce désir mis en moi par le bon Dieu trouvera-t-il un
jour son accomplissement. J'ai cru devoir, chers
Parents, vous en parler un peu à l'avance afin
que vous soyez moins vivement surpris et que
vous puissiez plus facilement faire à Dieu le sacrifice d'un fils auquel vous avez prodigué tant
de soins. Dieu est le maître, il peut faire de
nous ce que bon lui semble, et le plus faible,
le plus indigne de ses serviteurs, devient souvent
l'instrument de ses plus grandes miséricordes.
Aussi, je ne prétends point mettre d'obstacle à
sa volonté sur moi si elle est telle. Si la voix de
mes supérieurs me dit que la Providence m'appelle à ce genre de travaux, confus de mon indignité et fort de ma confiance en Dieu, je suivrai
leurs ordres... »

Cette lettre fit la plus grande peine aux parents de M. Taillandier. Ils étaient loin de
songer à une séparation aussi cruelle et aussi
complète. Bien qu'ils fussent parfaitement chrétiens, leur premier mouvement fût de faire à
leur fils des observations assez vives qui sai-
gnèrent le cœur du jeune lévite. Ils l'accusèrent
d'indifférence à leur égard et lui dirent qu'ils
étaient persuadés qu'il tenait peu à vivre auprès

d'eux, faisant ainsi allusion au projet que le cousin de Mr Taillandier, l'abbé Davost, curé de Cossé, avait formé de demander Louis pour vicaire dès son élévation au sacerdoce.

M. Taillandier leur adressa une longue réponse le 27 mai suivant : « Il m'en coûtera, leur disait-il, de jeter dans la douleur ceux que j'ai tant de sujets de respecter et de dédommager des peines que je leur ai causées. Mais si je vous dois à tant de titres le respect, l'amour, l'obéissance, je dois aussi beaucoup à Dieu, et si Dieu demande de moi comme autrefois des Apôtres que je quitte mon père, ma mère, mes frères, mes sœurs, pour le suivre et travailler à le faire connaître dans d'autres pays, pourriez-vous trouver mauvais que je me rende à sa voix ! »

S'adressant plus spécialement à son père qu'il sait plus difficile à convaincre de la nécessité du sacrifice l'abbé Taillandier fait entendre ce sublime langage : « Il vous en coûtera beaucoup, mon cher Père, de me voir vous quitter, mais je me rappelle vous avoir entendu dire alors que j'étais encore bien jeune : « Je voudrais avoir un fils prêtre, un autre soldat, un troisième laboureur. » Pour le prêtre, vous en aurez un, je l'espère, mais qui sera le soldat ? Permettez que je sois l'un et l'autre. J'irai combattre non pas avec des armes meurtrières des bataillons ennemis, mais soldat de Jésus-Christ, je porterai sa parole aux peuples qui ne la connaissent point, je lutterai contre l'empire du démon. Ce genre de combat est encore plus méritoire, plus glorieux que le premier. Vous eussiez consenti au départ d'un de vos enfants pour la carrière des armes, vous ne sauriez me refuser de quitter la maison paternelle pour des fins beaucoup plus nobles. Si, au fort du combat, la mort eut emporté votre fils, votre douleur eût été grande et vos inquiétudes sur le sort de son âme eussent été bien vives ; mais si un jour on vous annonce que le Seigneur a permis que je souffre le martyre pour son saint nom, oh ! alors votre douleur sera convertie en joie parfaite ! »

Quel héroïque langage et comme il fait tout ensemble et l'éloge de la vertu du fils et de la foi du père ! Qu'ils sont rares de nos jours les enfants qui se serviraient des mêmes raisons pour obtenir le consentement de leur père dans des circonstances semblables !

L'abbé Taillandier avait tellement muri l'idée de son départ pour les Missions, c'était si peu un enthousiasme de jeune homme aussitôt abattu que manifesté, qu'il ajoute à la fin de sa lettre : « Quant à la succession que je puis espérer, nous réglerons cela plus tard. Je vous dirai seulement, pour vous ôter toute crainte, que mon intention formelle a toujours été de conserver à la famille les biens que vous me transmettrez. »

Les vacances du séminaire du Mans commençaient à cette époque dans les premiers jours de juillet. Notre abbé, vivement sollicité par ses parents d'aller à Montjean passer la plus grande partie de ce temps de repos avant de se rendre à Paris au séminaire des Missions-Étrangères, prit l'héroïque résolution de partir immédiatement pour la capitale sans aller embrasser une dernière fois ses parents éplorés : « Je craignais, leur écrivait-il, que ma présence pendant quelques semaines loin d'adoucir vos peines ne fasse que de les augmenter. Chaque jour, en me voyant partir de la maison pour faire une petite promenade, vous vous fussiez dit : « Encore quelques jours et notre abbé nous quittera pour la dernière fois... Combien de larmes n'auriez-vous pas alors répandues ! Et puis qui vous aurait consolés ? Ce n'était pas dans mon pouvoir, car moi-même, plus que vous peut-être, j'eusse eu besoin d'un consolateur. Je redoutais donc beaucoup pour vous et pour moi cette courte apparition à Montjean... J'aurais alors, à une première instance, accordé quelques jours de délai, puis, à une seconde peut-être encore quelques jours et je me serais trouvé bien exposé à me laisser aller aux inclinations de la nature, à accepter une place qui avait pour moi tant d'attraits. J'aurais ainsi perdu une vocation que Dieu me donne malgré mon indignité et qui peut être la cause du salut d'un grand nombre d'âmes... »

Dieu qui aime à éprouver les siens afin de se les attacher de plus en plus intimement en leur faisant voir le néant des choses de ce monde imposa encore aux parents de notre abbé un bien pénible sacrifice. Leur fille aînée, Désirée-Sophie Taillandier, se sentant appelée par Dieu à la vie religieuse partit de Montjean le 6 juin 1838 pour se rendre au Mans dans une communauté et y commencer son noviciat. Ainsi, dans la même semaine, les deux aînés de la famille disaient adieu à leurs parents pour embrasser une vie plus parfaite. Nous renonçons à dépeindre une telle douleur, la foi seule peut aider à supporter d'aussi grands sacrifices.

L'abbé Taillandier quitta Le Mans le 4 juin pour se rendre au séminaire des Missions Etrangères à Paris.

M. Davost, curé de Cossé, écrivait à cette occasion, à sa cousine Madame Taillandier la lettre suivante : « Du courage, ma bonne cou-

sine, de la résignation et de la foi. C'est le bon
Dieu qui vous l'avait donné. Il aurait pu vous
le reprendre par une maladie, s'Il veut l'appeler
dans des pays éloignés pour travailler à sa gloire
et au salut des infidèles, faites de cet enfant un
généreux sacrifice et le Seigneur vous en ré-
compensera. Nous nous reverrons tous un jour
au rendez-vous commun. Soyez persuadée cependant que je prends une grande part à votre
peine et que c'est aussi un sacrifice bien cruel
pour moi de le voir partir, moi qui comptais si
bien sur lui. »

CHAPITRE III

Louis Taillandier au séminaire des Missions Étrangères.— Sa
piété. — Son énergie morale. — Sa joie à la nouvelle de son
prochain départ. — Lettres à sa famille à ce sujet.

Le séminaire des Missions Étrangères fut
fondé à Paris en 1657 [1]. C'est le lieu où les jeu-

1. *Missions étrangères (Église et Séminaire des)*.
La Société date de 1658. Le Séminaire des Missions
Étrangères, situé à Paris, au coin de la rue du Bac
et de la rue de Babylone, fut fondé en 1663 par
Bernard de Sainte Thérèse, évêque de Babylone.
L'intention de ce prélat était de créer une institu-
tion où les ecclésiastiques qui se vouaient à la propagation de la foi chrétienne dans les contrées lointaines, telles que la Chine, la Cochinchine, le Tonkin, la Perse, etc. ; pussent s'instruire et éprouver
leur vocation avant d'aller affronter les épreuves de
l'apostolat. L'évêque de Babylone consacra à cette
fondation un vaste terrain qu'il possédait au fau-
bourg Saint-Germain. Dans son acte de donation,
il laissa, en outre, en faveur du futur séminaire,
tous les biens meubles qui lui appartiendraient lors
de son décès, avec sa chapelle complète et sa bibliothèque. Il y joignit la maison qu'il avait achetée
dans la ville d'Ispahan (Perse) avec les meubles, la
chapelle et la bibliothèque qui s'y trouvaient. Les
conditions que le donateur mit à cette fondation furent qu'il serait établi, sur l'emplacement énoncé

nes ecclésiastiques qui aspirent à la vie apostolique sont réunis sous la direction d'anciens missionnaires pour faire ou terminer leurs études théologiques, éprouver leur vocation, se perfectionner dans l'esprit de dévouement et de sacrifice, en un mot pour se préparer par l'étude, la retraite et la prière à l'œuvre difficile de la conversion des infidèles[1].

ci-dessus, un séminaire d'ecclésiastiques ou d'aspirants à l'ordre ecclésiastique et même de laïques; qu'ils y apprendraient les sciences et les langues nécessaires pour les missions, puis qu'on les enverrait à la maison d'Ispahan pour se perfectionner dans les langues et travailler à la conversion des âmes ; enfin, que le séminaire serait appelé *Séminaire des Missions Étrangères* et que la chapelle jointe au séminaire porterait le nom de la *Sainte Famille*. Le 10 octobre 1663, l'abbé de Saint-Germain consentit à cette fondation, qui venait d'être autorisé par lettres patentes.

Avant leur départ, les missionnaires exercent à Paris les fonctions du ministère ecclésiastique et se livrent surtout à la prédication et à l'éducation religieuse.

Jusqu'en 1683, on célébra les offices dans une salle du séminaire : à cette époque on éleva une chapelle qui était à peine achevée quand Fénelon prononça un célèbre sermon sur l'Epiphanie. Cette chapelle est double, et elle est aujourd'hui succursale de la paroisse de Saint-Thomas d'Aquin sous le titre d'église des Missions.

Le séminaire des Missions Étrangères supprimé en 1792, fut rétabli en 1804.

1. *Le Séminaire des Missions Étrangères pendant la Révolution*, par M. A. Launay. — E. Lafolye,

M. Taillandier s'habitua bien vite à la vie du séminaire des Missions. Le 17 juin 1838, quinze jours à peine après son entrée dans cette sainte maison, il écrivait à ses parents : « Il faut que je vous donne un peu de mes nouvelles. Quand je suis arrivé à Paris, il n'y avait au séminaire que trois jeunes prêtres se destinant aux missions, six autres sont partis depuis Pâques. Ainsi nous ne sommes que quatre aspirants pour le moment et nous en attendons d'autres qui doivent nous joindre bientôt. J'ai été très bien reçu, on a eu pour moi mille égards et je suis bien accoutumé. Nous n'avons pas plus à travailler qu'au Mans et comme nous avons beaucoup moins de classes, il nous reste plus de temps pour nous appliquer à la prière. Nous sommes très bien nourris, nous avons de longues récréations, de belles promenades et puis nous aurons deux mois de vacances que nous passerons ensemble partie au séminaire et partie dans une maison de campagne très agréable située à environ deux lieues de Paris. Il y a au

Vannes, 1888. L'abbé Adrien Launay, missionnaire apostolique, actuellement archiviste des Missions Étrangères, fit ses études au collège de Château-Gontier. Nous renvoyons nos lecteurs curieux de connaître plus intimement la vie des missionnaires au séminaire et dans les missions, aux savants ouvrages publiés par M. l'abbé Launay.

séminaires six directeurs qui tous, excepté un,
ont été en mission et qui nous parlent souvent
des pays qu'ils ont parcourus et des peuples
qu'ils ont évangélisés, ce qui nous intéresse
beaucoup... »

Le 28 juin, l'abbé Taillandier envoie à ses
parents un petit paquet d'images, ils choisiront
celles qui leur plairont le mieux, les autres, ils
les distribueront aux personnes qui gardent son
souvenir afin qu'en voyant ces images, elles pensent à lui et se rappellent tout le besoin qu'il a
des grâces du bon Dieu pour faire un saint
missionnaire. Ces pieux chrétiens auront ainsi
part aux travaux apostoliques des missionnaires
qu'ils aideront de leurs prières et ils partage-
ront leur récompense.

« A ce sujet, ajoute-t-il, il faut que je vous
dise, pour votre satisfaction et pour encourager
les âmes pieuses à prier pour nous, que quatre
jeunes missionnaires dont trois sont maintenant
sur mer à destination des Indes orientales et le
quatrième au séminaire avec moi, ont formé une
association qui, je l'espère, se propagera et sub-
sistera. Tous les samedis chacun des associés
célébrera la sainte messe en l'honneur de la
très sainte Vierge aux intentions de ses parents,
de ses amis et des personnes qui prieront pour
lui et de plus aux intentions des parents et amis

de leurs co-associés. Ce pieux dessein est trop conforme aux inclinations de mon cœur pour que je ne l'adopte pas avec empressement. Lorsque j'aurai le bonheur de monter au saint autel, je remplirai cette obligation et tous les samedis, autant que le permettront les circonstances, j'offrirai le divin sacrifice aux intentions que je viens de vous exposer...»

L'abbé Taillandier, dans une lettre du 6 juillet 1838, donne de nouveaux détails sur sa vie au séminaire des Missions à son frère et filleul Constant Taillandier, élève au collège de Château-Gontier. Dans cette lettre comme dans toutes les autres de la même époque, le jeune aspirant se recommande aux prières de ses parents et de tous ceux qui l'ont connu. Il tremble d'une sainte épouvante devant la sublime vocation à laquelle Dieu l'a appelé. Ses forces, sa vertu lui semblent insuffisantes et ce n'est que plein d'espoir dans le secours divin qu'il ose avancer dans la nouvelle carrière qui s'ouvre devant lui. Déjà, au séminaire du Mans, nous l'avons vu, fuyant la dissipation, le bruit, les récréations même permises pour se concentrer dans la prière et le travail. Sa petite cellule était pour lui un séjours privilégié où son âme, seule avec Dieu, pouvait se livrer tout entière à la plus tendre piété. Au séminaire des Missions ces dispositions ne font que s'accroître. La liberté est beaucoup plus grande dans cette maison que dans les autres séminaires. Les permissions de sortir s'y obtiennent assez facilement alors qu'au séminaire du Mans toute sortie était rigoureusement interdite par les règlements. Louis n'abusa jamais de cette liberté.

Il écrit à son frère : « Si nous désirons sortir en ville, nous ne recevons jamais de refus lorsque nous allons demander cette permission à M. le Supérieur. Mais ces sorties ne me tentent pas beaucoup et je préfère rester au milieu de mes confrères que d'aller visiter les monuments et autres curiosités de Paris... »

Pendant ses vacances, il se rendait toutes les semaines à Suresnes, avec ses confrères à la maison de campagne du séminaire. Là, ce qu'il préférait à tout, c'était le calme de la campagne, les ombrages solitaires où l'on pouvait se promener un livre de prières ou son chapelet à la main et s'unir ainsi plus intimement avec Dieu.

« Je suis toujours très heureux ici, écrivait-il à ses parents, le 5 septembre 1838, je n'éprouve point de peines intérieures. Maintenant que nous sommes en vacances nous passons trois ou quatre jours par semaine sur le mont Valérien et nous y trouvons une foule d'agréments. Outre la salubrité de l'air qui est très vif et très pur, nous avons une chapelle où l'on peut dire la Sainte Messe ou bien y assister avec un religieux recueillement, un Chemin de croix qui nous donne en quelques minutes le moyen de soulager un grand nombre d'âmes du Purgatoire. Nous pouvons faire des promenades solitaires pendant lesquelles rien ne vient troubler la paix de notre âme. Il est vrai de dire que ces avantages ne dureront pas toujours et que Dieu, qui nous traite maintenant comme des enfants. nous réserve une vie d'un tout autre genre. Mais Il est toujours le même et sa bonté est immuable. Quel que soit l'avenir qu'Il nous réserve. nous pouvons nous rassurer d'avance et même nous en réjouir dans la pensée que nous sommes partout et toujours les objets de sa tendresse et de son infinie miséricorde.

« Pour vous, mes chers Parents, vous n'avez pas tant de jouissances que moi. Occupés à recueillir vos moissons, vous supportez avec peine et fatigue les travaux accablants de cette saison, Offrez à Dieu ces souffrances et vous amasserez des trésors pour le ciel. Depuis que je me suis éloigné de vous avec la pensée que peut-être je n'aurai plus la consolation de vous revoir sur cette terre, je me sens porté à vous communiquer des réflexions de ce genre afin de me con-

soler par l'espoir qu'elles pourront vous être
utiles et servir à vous faire penser au bonheur
futur du ciel où nous serons tous réunis et pour
toujours. Je crois que vous préférez que je vous
parle du bon Dieu plutôt que d'une foule de ba-
gatelles qui n'auraient pas pour vous le même
intérêt. Ainsi je ne vous donne point de nouvelles de Paris parce que les journaux vous en
instruisent mieux que moi... »

Les parents de l'abbé Taillandier ne pouvant
se résigner à ne plus voir leur cher Louis, résolurent d'aller passer quelques jours auprès de
lui à Paris. Notre séminariste apprit cette nouvelle avec peine : il redoutait toujours pour sa
vocation ces épreuves si vives où la plus légi-
time des affections se trouve en lutte avec l'appel de Dieu. Aussi, dès qu'il connût ce dessein
de son père et de sa mère, il écrivit à sa sœur
Euphrasie la suppliant de dissuader leurs parents de ce projet : « Dis leur qu'ils ne pensent
pas plus longtemps à ce voyage dispendieux et
très fatigant surtout pour notre bonne mère. J'ai
parlé à Messieurs les Directeurs de ce désir de
mes parents de venir à Paris et ils m'ont promis
que dès que j'aurais le bonheur d'être prêtre il
m'enverraient faire un petit séjour dans ma famille. Je ne sais quand ce voyage se fera, mais
vous pouvez être assurés que je ne partirai pas

sans vous revoir tous. Je n'ignore pas combien le dernier adieu sera pénible pour tous, mais c'est une consolation que je ne saurais vous refuser. De mon côté, je désire beaucoup vous embrasser encore une fois et vous conjurer de vive voix de penser toujours dans vos prières à celui que la divine Providence appelle dans des pays lointains... »

« Préparez-vous donc d'avance au sacrifice que Dieu demande de vous et disposons-nous à accepter sans nous plaindre tout ce que sa sainte volonté exigera de nous. »

Le 19 janvier 1839, l'abbé Taillandier écrivait à ses parents : « Enfin, je sais d'une manière positive l'époque à laquelle je dois être ordonné prêtre. Ce sera pour le samedi des Quatre-Temps de carême, le 23 février. Je n'ai pas besoin de vous recommander de prier pour moi et de demander au bon Dieu de bénir cette date si solennelle de ma vie, vers laquelle ont tendu toutes mes études, toutes mes aspirations depuis que j'ai quitté la maison paternelle et pour laquelle les saints ordres que j'ai reçus précédemment n'étaient qu'une préparation. Priez pour moi et le Seigneur me comblera de la plénitude de ces dons. Dans ce moment, occupé à préparer un examen et à apprendre les cérémonie de la messe, il ne me reste guère de temps

pour penser à l'avenir et disposer les préparatifs de mon voyage. Cependant je vais très pro-
chainement faire faire mon portrait. C'est un
souvenir qu'il me sera bien doux de vous offrir
et qui pourra nous consoler les uns et les autres.
Il vous semblera quand vous l'aurez sous les
yeux que je suis encore au milieu de vous. Pour
moi, il me fera vivre dans le souvenir des personnes qui m'ont connu et ce sera pour elles un
motif de faire aussi quelques petits sacrifices
pour servir le Seigneur et de prier pour le pauvre missionnaire qui, au milieu des peuples infidèles, aura si grand besoin du secours d'En-
Haut... »

Ce portrait dont parle l'abbé Taillandier est
reproduit au commencement de ce volume. Il est
actuellement la propriété de M. Constant Taillandier, ancien maire de Montjean et frère de
notre missionnaire.

CHAPITRE IV

L'abbé Taillandier prêtre. — Son départ. — Récit du voyage.
— Baptême du Tropique. — Calcutta. — Singapor. — Manille.
— Macao. — Difficultés entre l'Angleterre et la Chine —
L'abbé Taillandier est désigné pour la mission du Sut-Chuen.

Après son ordination au sacerdoce qui n'eut
lieu que le 16 mars 1839, l'abbé Taillandier se
rendit à Montjean chez ses parents. Il passa
tout le reste du mois de mars dans sa famille et
rentra à Paris le 2 avril. Sans avoir une destination bien précise, notre jeune prêtre sut qu'il
était désigné pour les missions de l'Extrême-
Orient. Les chrétientés de ce pays étaient alors
sous le coup de la plus violente persécution. On
venait d'apprendre le glorieux martyre de plusieurs membres de la société des Missions
Etrangères au Tonkin : quinze prêtres et deux
évêques avaient été pris et mis à mort, un autre
évêque était mort de fatigue, de misère et de
douleur en fuyant la persécution. En Chine, la
situation était aussi fort difficile à cause des incidents survenus entre l'Angleterre et le Cé-
leste Empire. Les relations des missionnaires

avec les chrétiens indigènes étaient devenues presque impossibles dans ces contrées.

L'abbé Taillandier, dans sa lettre du 17 avril 1839, annonce cependant son prochain départ à ses parents :

« Vous voulez, leur dit-il, que je vous écrive toujours avec franchise et que je ne vous dissimule rien sous prétexte de ne pas vous faire de la peine. Je commence aujourd'hui en vous annonçant le jour de mon départ, ce que n'oseront pas faire la plupart de mes confrères qui ne comptent pas autant que moi sur la religieuse résignation de leurs parents.

« Nous partirons sept pour Bordeaux le 28 ou le 29 de ce mois et nous attendrons dans ce port qu'un navire qui doit bientôt mettre à la voile, nous conduise chacun à notre destination. Comme je dois aller plus loin que mes confrères, j'aurai à faire un voyage plus agréable et plus intéressant et je les laisserai chacun à leur poste. J'irai à Pondichéry, à Calcutta, capitale des Indes, à Singapor et enfin à Macao où j'arriverai peut-être dans sept ou huit mois.

« Consolez-vous, chers Parents, notre séparation durera peu. Quand il nous sera donné de nous revoir, l'entrevue sera éternelle. Merci de vos bontés et des sacrifices que la Foi enchérissant encore sur votre tendresse vous a fait ac-

complir pour me venir en aide dans mes courses apostoliques. Plus que tous les autres chrétiens de France vous aurez part à la conversion
des infidèles qui me seront confiés puisque d'a-
bord vous leur enverrez votre fils pour apôtre,
que vous donnerez outre cela chaque année une
somme de trois cents francs, prelevée sur vos
modestes revenus et enfin et surtout parce que
vous prierez beaucoup pour eux... »

Le départ de l'abbé Taillandier fut reculé de
quelques jours et ce ne fut que le 1er mai qu'il
arriva à Bordeaux avec ses jeunes confrères.
Avant de s'embarquer il écrivit une lettre dé-
chirante à ses parents, en date du 3 mai 1839 :
« Vous ne recevrez plus de lettre de moi partant de la France, désormais je ne vous écrirai
plus que de l'Asie. Il me semble encore voir vos
larmes couler et, sans doute, elles vont encore
arroser ces lignes, mais que voulez-vous ? Puisque Dieu a parlé, il faut écouter sa voix et lui
laisser le soin de calmer la douleur, de poser
sur la plaie un baume salutaire. Offrez-lui toutes vos peines, toutes vos larmes et consolez-
vous en pensant que toutes ces épreuves auront
une récompense magnifique ?

Ne savez-vous pas que Notre Seigneur, dans
son saint Evangile appelle bienheureux ceux
qui pleurent parce que, dit-il, ils seront conso-

lés. Vous, mes chers Parents, vous êtes du nombre de ces privilégiés du bon Dieu. J'ose après notre divin Maître vous appeler heureux et vous dire : vous serez consolés. Si la Providence veut bien se servir de ma bonne volonté pour sauver une âme rachetée de tout son sang, vous serez consolés, surtout à l'heure de la mort, à la pensée que le salut de cette âme sera dû en grande partie aux sacrifices que vous vous êtes imposés.

« Je suis à Bordeaux depuis deux jours, avec mes confrères, et toujours bien résolu de partir. Nous devons demain matin prendre le bateau à vapeur qui nous conduira à une douzaine de lieues de Bordeaux, à Pauillac, où nous attend notre navire. Si le vent est favorable, nous gagnerons de suite la haute mer... Adieu donc, mes très chers Parents, nous nous reverrons dans le Paradis, travaillons pour cela tous ensemble. Je penserai souvent à vous devant Dieu, vous voudrez bien de votre côté prier beaucoup pour moi... »

Le jour de l'Ascension, les jeunes missionnaires s'embarquèrent à Pauillac à bord de l'*Asie*. L'abbé Taillandier écrivait en vue de Ceylan, le 14 août 1839, à l'abbé Davost, curé de Cossé-Vivien : « Il me tardait bien de voir arriver le moment où je pourrais m'entretenir un instant avec vous et vous donner quelques nouvelles.

« Quand aurai-je la consolation de recevoir une de vos chères lettres ? Elle sera pour moi d'autant plus précieuse qu'elle aura été désirée plus longtemps. Alors j'aurai fait la plus grande partie de mes voyages sur l'Océan et j'en aurai d'autres plus périlleux en perspective. J'aurai plus de misères et de fatigues à supporter, plus d'ennuis à dévorer, plus de dangers à courir, mais c'est tant mieux pourvu que je ne perde point la crainte du Seigneur et que je m'efforce chaque jour davantage d'acquérir quelques traits de ressemblance avec notre divin Maître ; mon sort loin d'être malheureux sera digne d'envie. Continuez donc à prier et à faire prier vos bonnes âmes pour que je devienne un missionnaire selon le cœur de Dieu.

« Nous entrâmes en mer le jour de l'Ascension. Nous pûmes célébrer la Sainte Messe et recevoir Jésus dans nos cœurs, bonheur dont nous avons joui cinq ou six fois. Nous ne tardâmes pas à apprendre ce qu'est le mal de mer et nous n'avions pas encore dit le dernier adieu à notre chère patrie que nous avions déjà rendu le tribut à l'Océan. Nous éprouvâmes pendant quelques jours ce mal plus ou moins incommode, puis nous reprîmes nos sens. Nous n'avons pas été maltraités comme on l'est quelquefois parce qu'en partant nous avons joui d'un très beau temps et d'une mer tranquille.

« Dix jours après notre départ nous arrivâmes en face de Madère et le surlendemain nous passions entre l'ile de Palma à droite et le fameux pic de Ténériffe à gauche. Depuis nous n'avons plus découvert aucune terre. Un mois après notre entrée en mer, nous passâmes l'équateur et comme d'ordinaire le père La Ligne nous régénéra dans ses eaux. Les matelots nous ayant en grande estime, la chose se passa fort bien. On nous jeta à chacun deux ou trois seaux d'eau de mer sur le dos puis on eut la complaisance de faire sécher nos habits.

« Nous remerciâmes les marins en leur offrant deux cents cigares, une bouteille d'eau-de-vie et deux petits souverains d'Angleterre de chacun 25 francs qui leur serviront à faire un dîner à leur façon quand ils pourront se rendre à terre. Ce sont des exigences auxquelles nous nous sommes soumis de bonne grâce, car nous savons qu'on ne fait de quartier à personne et que les récalcitrants sont ceux qui prêtent le plus à rire.

« Nous sommes tous en bonne santé et nous n'avons éprouvé aucune indisposition pendant la traversée. Nous devons cette protection à vos

prières et à celles des âmes pieuses qui nous ont
recommandés à la très sainte Vierge pendant le
mois de Marie. Pour m'acquitter d'une partie
de la reconnaissance que je vous dois, je dirai à
vos intentions la sainte Messe sur la terre des
Indes pendant l'octave de l'Assomption, si nous
restons assez longtemps à Pondichéry pour que
ce bonheur me soit accordé. Si je ne le puis,
Je le ferai à Calcutta où nous espérons arriver
du 20 au 25. Si nous avons reçu bien des faveurs
comme vous le voyez par les détails que je viens
de vous donner et si nous avons eu une traversée plus courte d'une quinzaine de jours que les
confrères qui nous ont précédés, nous n'avons
pas été exempts d'une partie de leurs misères.

« Après un sommeil souvent interrompu, soit
par un roulis, soit par des vents plus forts que
de coutume, soit par la pluie qui se faisait toujours entendre et quelquefois sentir, soit encore
par la manœuvre des matelots, on se lève le matin dans un état de malaise et de dégoût qui ne
prend entièrement fin qu'à l'heure du déjeûner.
La nourriture est abondante et parfaitement
choisie, mais l'appétit fait défaut et les repas deviennent aussi insipides que le sommeil est dou-
loureux. Encore faut-il passer régulièrement à
table une heure ou une heure et demie et entendre

des conversations dont le moindre défaut est d'être fort niaises.

On étudie difficilement à bord, et l'esprit et le cœur n'agissent pas dans l'oraison comme vous seriez peut être porté à le croire. De temps à autre on entend des blasphèmes, mais ce sont des faits isolés, car nos matelots se conduisent fort bien. Nous avons cependant quelques délassements, nous conversons les uns avec les autres, mais le plus heureux temps pour moi, c'est la soirée que je passe sur le pont à dire mon chapelet, méditer, songer à la France. Rien de si agréable que les belles soirées de la zône torride... Que ne m'était-il donné de partager avec vous ces plaisirs! Mais, mon cher oncle, vous en avez eu d'autres bien plus réels dont j'étais complètement privé. Loin des autels et des belles solennités de l'Église qui réjouissent si vivement notre cœur, comment ne pas regretter les bons jours du séminaire et ne pas ardemment désirer la terre où l'on retrouvera une partie de ces joies! Une partie seulement, car pour les solennités et les chants d'église qui me rendaient si heureux, je n'espère plus les voir ici-bas, heureux si dans quelques années nous avons le bonheur de prendre part ensemble à l'éternelle fête du Saint Paradis. »

Par le même courrier, l'abbé Taillandier écrivit à ses parents une longue lettre où nous trouvons à peu près les mêmes détails que dans la lettre précédente.

Les missionnaires arrivèrent à Pondichéry le dimanche 28 août. Ils y passèrent un jour auprès de leurs confrères des Missions en résidence dans cette ville et le 29 ils se remirent en mer à destination de Calcutta.

C'est dans une lettre à son père et à sa mère, expédiée de Singapor, le 7 septembre 1839, que l'abbé Taillandier fait connaître la suite de son voyage : « Les chaleurs, dit-il, sont insupportables à Calcutta. Cette ville est située à une cinquantaine de lieues de la mer du Bengale, sur le Gange, dans un pays extrêmement plat où les vents si agréables sur les côtes ne soufflent que rarement laissant la chaleur suffoquer les habitants. Les Européens qui demeurent à Calcutta ne sortent que rarement dans la journée et c'est presque toujours en voiture ou en palanquin, pour se mettre à couvert des rayons du soleil. Les pluies dans ce pays sont assez fréquentes, et toujours causées par des orages épouvantables.

« L'hiver qui est la saison la plus agréable de l'année a quelque rapport avec le printemps de notre France pour la température mais pour les productions du sol il règne ici un mois de mai

perpétuel et les campagnes sont toujours tapis-
sées de la plus luxuriante verdure.

« Le sol est extrêmement fertile et produit en
abondance le riz et le coton. Les fruits du pays
sont assez bons et il est toujours facile de s'en
procurer de frais. Parmi ceux que je connaissais
en France, je n'ai encore trouvé dans les Indes
que l'orange. Les autres qui m'étaient inconnus
sont le plamplemousse qui pour le goût se rap-
proche beaucoup de l'orange, mais qui a la gros-
seur de nos melons ordinaires : l'écorce est verte
et l'intérieur presque rouge : la banane qui a la
forme de nos concombres quand ceux-ci arrivent à la longueur de cinq à six pouces. Sous
une peau qui s'enlève très facilement se trouve
une chair jaune très tendre et d'un goût
agréable.

« On voit beaucoup de cocotiers : ce sont des
arbres assez hauts, sans branches jusqu'à la
cime, qui produisent un gros fruit vert dont l'en-
veloppe très épaisse recouvre un noyau très dur
à couper. Dans l'intérieur est une écorce blanche
qui n'a pas beaucoup de saveur mais qui renferme la valeur d'un bon verre d'une eau très
rafraîchissante. Dans l'Inde on fait beaucoup
d'huile avec ces fruits que l'on appelle cocos...

« Nous avons mis quatre semaines à venir de
Calcutta à Singapor. Pendant quatre ou cinq
jours notre marche fut contrariée par un calme

presque complet qui ne nous permettant pas de faire plus de quatre lieues par jour nous faisait souffrir les tourments d'une chaleur étouffante. Quand le vent s'apaise dans ces pays brûlants, le soleil agit avec une violence extrême et l'on se trouve sans appétit, sans énergie, harcelés dans son sommeil par une foule de petits insectes nommés moustiques dont la piqûre fait enfler la peau et cause de cruelles démangeaisons. Après ces quelques jours d'accalmie, nous avons pu hâter notre voyage mais non pas sans de nombreuses incommodités. Tout l'équipage, capitaine, marins et passagers, s'est trouvé malade, moi je me suis tiré d'affaire en saignant beaucoup du nez selon ma coutume et en observant une diète d'une dizaine de jours qui m'était du reste commandée par le manque d'appétit. »

« Cette partie de notre navigation n'a donc pas eu la monotonie de notre voyage de Bordeaux à Pondichéry. Nous avons rencontré beaucoup d'îles sur notre passage. Toutes excitaient notre curiosité. Tantôt, c'étaient des terres considérables et très fertiles qui charmaient notre vue, tantôt des montagnes élevées, couvertes de beaux arbres, tantôt de petits îlots isolés ressemblant dans le lointain à un buisson touffu ou à un gros myrte. Quelquefois, derrière ces îles, nous découvrions dans le lointain le continent avec ses vastes et antiques forêts qui deviendront peut-être l'habitation des deux confrères que nous laissons à Singapor. D'autres fois, croyant voir la terre assez rapprochée, nous étions surpris d'apprendre ensuite que c'étaient des nuages ayant une ressemblance parfaite avec une chaîne de montagnes d'une longueur de cinq à six lieues. Ces nuages très épais se tenaient sur la surface des eaux à une très petite élévation et nous induisaient ainsi en erreur.

« Depuis huit jours nous sommes à Singapor[1], ville située à l'extrémité de la presqu'île de Malacca. Sa position n'est guère qu'à un degré de l'équateur et cependant la chaleur n'y est pas insupportable. Le voisinage des mers et les vents y font régner une douce fraîcheur, il y pleut presque tous les jours. On ne connaît ici que deux saisons : l'été et l'hiver et du reste

1. Singapor ou la *ville des Lions*, située tout au sud de la presqu'île de Malacca compte à peine de nos jours 60 ans d'existence. Elle renferme 139.000 habitants dont 87.000 Chinois. C'est une colonie anglaise. Mais la Chine y domine, elle y est presque tout, elle y fait presque tout, du dernier manœuvre au premier des prêteurs d'argent en passant par tous les métiers. (O. Reclus. *La Terre à vol d'oiseau*. p. 390).

elles ne diffèrent pas beaucoup l'une de l'autre. Les jours et les nuits sont égaux en durée.

« Il y a vingt ans, Singapor n'était autre chose qu'une île de huit à dix lieues de circonférence touchant presque au continent et couverte d'arbres de la plus haute antiquité. Les principaux habitants étaient alors les tigres. On défriche actuellement ces immenses forêts pour les remplacer par des plantations de riz, de canne à sucre et de café. La position avantageuse de Singapor pour le commerce[1] a donné l'idée de bâtir une ville qui promet beaucoup pour l'avenir. Presque tous les navires allant de l'Europe, des Indes ou de l'Amérique en Chine et à Siam, font escale ici pendant quelques jours. Déjà on compte trente-cinq mille habitants appartenant à toutes les nationalités. Les Chinois y forment la majorité. Ce sont pour la plupart des hommes qui viennent à Singapor pour gagner quelque argent et retourner ensuite dans leur pays où la population trop dense les empêche de trouver facilement les moyens de vivre.

1. Singapor commande la mer des Passages. On appelle ainsi l'ensemble des chenaux par lesquels le détroit de Malacca s'ouvre sur la vague qui bat à l'ouest Sumatra, à l'est Bornéo. (O. Reclus. *La Terre à vol d'oiseau*, p. 390).

« Très peu se fixent à Singapor parce que dans les pays orientaux les femmes n'ayant pas la coutume de voyager, il s'en trouve tout au plus cinq cents dans l'île, ce qui peut être compté pour rien vis-à-vis d'une population de trente-cinq mille hommes qui augmente tous les jours. Le seul bien qu'il y ait à faire ici c'est à l'égard des Chinois qu'on peut l'opérer. On réussit facilement à les instruire et à les baptiser. Ils deviennent de bons chrétiens et après quelques années de séjour à Singapor, ils retournent dans leur famille emportant le fruit de leur industrie et le trésor bien plus précieux de la foi. »

« Les indigènes sont pour la plupart infidèles. Dans cette île, les idiômes sont si multipliés, qu'il faudrait que les missionnaires parlassent une dizaine de langues[1] pour pouvoir instruire tout le monde.

1. En 1859, le P. Chicard écrivait à sa famille : « Nous avons à Singapor une très belle église, et chaque dimanche Dieu s'y voit glorifier en trois ou quatre langues. Dès le matin, le P. Isalys, entre dans le saint lieu avec sa phalange chinoise. . . . Il n'a pas encore terminé que le troupeau confié aux soins du Père Beurel fait son entrée. Celui-ci chante alors la grand'messe et prêche en anglais. La messe finie, le P. Paris s'avance. . . pendant que ses fiers Malabars se rangent par castes dans les bancs qui leur sont réservés. Le Père annonce

« Nous partons pour Macao dans deux jours, le voyage sera de quatre semaines. Les démêlés des Anglais avec les Chinois ont donné pendant quelques mois de vives inquiétudes aux missionnaires de notre maison qui sont dans cette ville. Mais, M. Legrégeois, notre procureur à Macao, nous a écrit de venir sans crainte parce que les difficultés sont sur le point de s'arranger. Les Anglais vont devenir plus raisonnables : ils craignent les Américains qui se sont déclarés pour les Chinois.

« Nous avons vu de loin l'île de Poulo-Pinang[1] où réside M. Régéreau[2]. Cet ancien ami est toujours plein de zèle, il fait beaucoup de

notre évangile en langue indienne et les Anges sont ravis d'ouïr en une seule matinée la bonne parole apprise en trois dialectes différents. (P. Drochon. *Un chevalier-apôtre.* p. 287-289). Nous n'avons pu résister au désir de donner à nos lecteurs cet extrait du charmant volume du P. Drochon. Mieux que tout long discours il nous montre quels prodiges d'intelligence et de dévoûment accomplissent dans ces lointaines contrées nos saints missionnaires de la Société des Missions étrangères de Paris.

1. Poulo-Pinang, ou l'île des Aréquiers, non loin du littoral de Weslesley possède le séminaire catholique de l'Extrême-Orient, dont il sort des missionnaires d'une foi merveilleuse... (O. Reclus. *La Terre à vol d'oiseau.* p. 390).

2. M. Régereau, prêtre du diocèse du Mans, ancien professeur au collège de Château-Gontier.

bien et notre congrégation lui porte une grande estime. J'ai envoyé de Calcutta les commissions dont vous m'avez chargé pour lui. . . . . »

Nous n'avons plus de lettres de l'abbé Taillandier pour cette année 1839, mais nous possédons un autographe de M. Berneux, le futur missionnaire et martyr de la Corée. Cette lettre peu intéressante, il est vrai, pour la suite de notre travail, mais d'une grande valeur en raison de la sainteté de son auteur, nous paraît devoir être transcrite à cette place et cela avec d'autant plus d'à-propos qu'elle est inédite.

L'abbé Berneux écrit à l'abbé Davost pour lui accuser réception de la somme de trois cents francs que chaque année la famille Taillandier faisait passer à notre jeune missionnaire.

Cette somme devait être versée au curé de Cossé qui se chargeait de la faire parvenir à l'un des directeurs du séminaire des Missions choisi à cet effet par l'abbé Taillandier. C'était alors M. Baran. Ces explications sont nécessaires pour rendre la lettre du vénérable M. Berneux plus compréhensible. Elle est ainsi conçue :

SANCTA MARIA
SINE LABE CONCEPTA
ORA PRO NOBIS.

« Paris, 29 décembre 1839.

« Monsieur le curé,

« M. Baran n'ayant pas le temps de répondre de suite à votre lettre, m'a chargé de vous accuser réception de tout ce que vous lui avez envoyé et spécialement du billet de 300 francs. Je m'acquitte avec grand plaisir, Monsieur, de cette commission qui me fournit l'occasion de me recommander de nouveau à vos bonnes prières et à celles de MM. Fouret et Letessier. Voulez-vous bien leur dire, Monsieur le curé, que je les aime sincèrement et que je compte aussi sur leur amitié. J'ai la confiance qu'ils penseront quelquefois à moi au saint autel et qu'ils demanderont pour moi au bon Dieu toutes les grâces qui me seront nécessaires dans la carrière qui s'ouvre devant moi.

« M. Baran vient de recevoir une lettre de M. Taillandier. Elle est écrite de Pondichéry, 17 août, antérieure par conséquent à celle dont je vous ai parlé, laquelle était du mois de septembre. Jusqu'alors, sa santé s'était bien soute-

nue. Il n'avait éprouvé que de très légères incommodités, inséparables d'un voyage aussi
long. Il se plaint un peu du capitaine de leur
vaisseau, catholique au dehors, mais au fond
protestant peu tolérant ; ils ont eu à souffrir de
ses caprices et de ses maussaderies. Ils se sont
dédommagés de ces vexations en resserrant
davantage les liens qui les unissaient entre eux
et en offrant à Jésus-Christ ces premières croix
de leur apostolat.

« Je me charge avec grande joie, Messieurs,
de vos commissions pour le bon M. Taillandier. Je conserve l'espoir de le trouver encore à
Macao et de m'édifier des entretiens de ce bien-
aimé confrère qui laisse partout où il passe la
bonne odeur de Jésus-Christ.

« Je vous prie de nouveau, Monsieur le curé,
de vous souvenir de moi dans vos prières et
saint sacrifices et d'agréer le respect et l'estime
avec lesquels j'ai l'honneur d'être

« Votre très humble et obéissant serviteur
en N. S. Jésus-Christ,

« BERNEUX, prêtre. »

Cette lettre ne précédait que de quelques
jours le départ du vénérable confesseur de la
foi pour les missions. M. Berneux quitta le séminaire de Paris le 13 janvier 1840.

Le navire qui portait l'abbé Taillandier et ses confrères devait se rendre directement de Singapor à Macao, mais un évènement que notre missionnaire raconte à ses parents dans la lettre suivante [1] fit changer cette direction :

« De Singapor nous devions faire route pour la Chine, mais des aventures inattendues m'ont procuré la satisfaction de visiter un nouveau peuple qui m'a beaucoup intéressé. Nous avons passé une vingtaine de jours à Manille, capitale de l'île Luçon, l'une des Philippines. Avant de vous donner quelques détails sur ce pays, il est nécessaire que je vous apprenne ce qui nous y a conduits. De Singapor nous sommes partis en compagnie d'un gros navire anglais. Dans la nuit du 11 au 12 décembre dernier, il nous précéda dans un passage dangereux mal indiqué sur les cartes marines et, au bout de peu de temps, il resta pris entre les rochers à fleur d'eau. Nous devions passer nous-mêmes dans cet endroit, mais notre capitaine, peu satisfait des indications de ses cartes, arrêta la marche du vaisseau et se laissa devancer par l'anglais. La suite a prouvé qu'il avait eu raison. Le lendemain, au matin, nous aperçumes notre ancien

1. 24 janvier 1840.

compagnon de route absolument immobile et penché d'une manière effrayante. Toutes nos tentatives pour le tirer de cette situation furent inutiles. Enfin, on résolut de l'abandonner après avoir transporté à notre bord les marchandises les plus précieuses et tout l'équipage composé de 110 hommes que nous débarquâmes à Manille.

« Cette ville appartient aux Espagnols ainsi que toutes les Philippines. Les indigènes sont cuivrés mais moins qu'à Pondichéry et dans le Bengale. Leur habit ordinaire se compose d'un pantalon et d'une chemise qu'ils passent par dessus. Leurs pieds sont toujours nus. Sur la tête ils portent un chapeau de paille très belle et habilement travaillée. Ces coiffures se vendent jusqu'à 120 et 150 francs. Leur plus grand luxe consiste dans leurs chemises. Elles sont d'une toile extrêmement fine et couvertes des plus riches broderies.

« Les femmes portent un étroit jupon de coton rayé sur lequel une ceinture s'enroule négligemment. Le haut du corps est couvert par une chemisette de toile blanche. A la ville, un fichu sur la tête complète ce costume, en campagne les femmes ne portent d'autre coiffure que leur magnifique chevelure retenue sur le derrière de la tête par une peigne d'écaille ou de corne.

« Le climat de Manille est très chaud et bien que nous y fussions au fond de l'hiver, il nous eût été impossible de faire une promenade d'une demi-lieue sans être très fatigués et tout en sueur.

« La religion catholique est la seule qui existe à Manille. Les offices s'y font avec beaucoup de solennité et une grande pompe extérieure. Le peuple aime singulièrement les jours de fête et ils sont nombreux dans ce pays. La principale raison chez la plupart des gens, c'est qu'on s'amuse ces jours-là au lieu de travailler.

« Les églises sont riches et bien ornées. Il y a plusieurs siècles que les Espagnols apportèrent dans ces contrées le flambeau de la foi. Les indigènes l'acceptèrent sans opposition. Mais, leur caractère étant indolent et paresseux, la religion est loin d'être aussi fidèlement pratiquée que dans la majeure partie de notre France. . . . »

La lettre que nous venons d'analyser est datée de Macao. Cette ville, sur laquelle l'abbé Taillandier ne donne aucun détail dans sa correspondance, était à cette époque le centre des missions de l'Extrême-Orient. La Société des

Missions étrangères de Paris y entretenait un représentant chargé de recevoir les missionnaires et de faciliter leur introduction en Chine. C'était aussi, comme nous le verrons dans la suite de notre récit, par l'intermédiaire du procureur de Macao que les missionnaires pouvaient envoyer leurs correspondances et que leur parvenaient les ressources pécuniaires dont ils avaient besoin.

La plus grande joie de l'abbé Taillandier à son arrivée à Macao fut de pouvoir célébrer régulièrement chaque jour le sacrifice de la messe : « Mon Dieu, écrivait-il à M. le curé de Cossé[1], comme l'on a de peine à se passer du saint autel, surtout quand notre foi n'est pas assez vive pour nous permettre de voir, d'adorer Dieu et de s'entretenir avec lui partout, au milieu des flots comme dans un oratoire. Le souvenir des jours passés met sur les lèvres ces paroles du Roi-prophète : *Quàm dilecta tabernacula tua, Domine virtutum !*

« Je conçois facilement combien a été méritoire le long et glorieux martyre de M. Jaccard[2] qui, pendant trois ans fut privé de la cé-

1. Lettre du 13 mars 1840.
2. M. Jaccard était un des missionnaires que le roi Mîn-Màng avait fait venir à Hué sous le prétexte de s'en servir comme interprète. Quoiqu'en

lébration des saints mystères, et combien l'est
encore actuellement la souffrance de nos autres
confrères de l'Annam auxquels les plus som-
bres forêts ne peuvent fournir un sûr abri contre la colère du tyran [1]. Je ne doute pas que les

réalité prisonnier, il pouvait sortir de la capitale,
et il usa de cette tolérance pour administrer plusieurs chrétientés. Il fut condamné à périr de la
main du bourreau, puis transféré au fort d'Aï-Lao,
pour y mourir de faim, ensuite rappelé près de
Hué, et enfin, après avoir supporté d'atroces tor-
tures, étranglé pour la foi, le 27 septembre 1838.

M. Jaccard ambitionnait vivement le martyre.
En apprenant son arrestation, sa bonne mère
s'écria : « Oh ! quelle heureuse nouvelle et quel
bonheur pour notre famille de compter parmi ses
membres un martyr ! » Aussi, dès qu'elle eut reçu
la nouvelle définitive du supplice de son fils, elle
alla en toute hâte réciter en présence de Jésus crucifié le cantique de son action de grâce pour un
si grand bienfait. (*Ann. de la Propag. de la Foi.*
XI, p. 399).

1. Le roi Mîn-Mâng succéda à son père Ghia-
Loung en 1820. Il ne voulait avoir aucune relation
avec les Européens et refusa en 1825 la lettre et
les présents que Louis XVIII avait chargé de lui
remettre le capitaine de vaisseau de Bougainville.
Celui-ci se retira, mais avant de quitter le port de
Tourane, il réussit à faire descendre à terre un
prêtre français, l'abbé Régereau, qui s'était voué,
malgré toutes les difficultés de l'entreprise, à ten-
ter l'évangélisation de l'Annam. Dès que Mîn-Mâng
apprit la résolution de ce prêtre, il rendit un édit
sévère ordonnant de poursuivre à outrance le propagateur et les sectateurs de la religion chrétienne. Telle fut l'origine de la longue persécution
qu'eut à subir cette chrétienté. C'est en 1838
qu'elle parvint à son apogée. La mission du Ton-

dernières nouvelles des missions du Tonkin et de la Cochinchine n'aient produit une vive impression de tristesse sur les fidèles associés de la Propagation de la foi. Ils vont redoubler de ferveur pour intercéder auprès du Tout-Puissant en faveur des chrétiens de ces malheureuses contrées. Nous avons ici avec nous un confrère destiné à notre mission de Cochinchine. On doit venir le prendre à Macao sur une barque qui le transportera à sa destination. Peu s'en est fallu qu'il ne partît l'année dernière sur une embarcation qui a été prise et confisquée. Son sort aurait été le même que celui de nos confrères qui ont été arrêtés, mais Dieu ne l'a pas permis.

« Cette année, au mois de janvier, M. Legrégeois, notre procureur à Macao, avait expédié un envoi de provisions pour la sainte messe [1], quelques autres objets et 20.000 francs.

---

kin, en quelques mois compta plus de vingt-six victimes, parmi lesquelles deux évêques, NN. SS. Dominique Henarès, Espagnol, évêque de Fesseite, et Pierre Borie-Dumoulin, Français, évêque élu d'Acanthe. (*Annales*. Tomes IX, XI, XII).

1. En ce qui concerne la Chine et les missions voisines, il existe une cause de dépenses curieuse à signaler. Ces contrées ne produisent point de vin, il faut donc s'en procurer qui puisse résister aux traversées, supporter les chaleurs, les transports par terre sans s'altérer. Les meilleurs

Les courriers se rendirent à Canton sur une barque chinoise, une autre embarcation devait de ce port les conduire en Cochinchine. Ils ont été découverts et tout a été pillé sauf un lingot d'or de 5.000 francs qu'un des courriers eut le bon sens de cacher sous ses vêtements. Cet homme s'est esquivé en compagnie d'un vieux Chinois qui, se voyant pris, avait déclaré qu'il était un simple passager et que les affaires des courriers ne le regardaient aucunement. L'autre courrier qui a été arrêté sera jeté en prison, où il périra sûrement de misère, sans qu'on puisse lui porter le moindre secours.

« L'envoi de M. Legrégeois renfermait beaucoup de lettres qui eussent pu faire connaître aux autorités beaucoup de nouvelles des missions de Chine éveillant ainsi leur surveillance. Les Chinois ont ouvert ces correspondances et ont prié les Américains qui sont à Canton de les leur interpréter. Les Américains, d'après ce que l'on nous a rapporté, ont prétendu que ces lettres n'avaient aucune importance. Si la chose est vraie, c'est un effet de la protection particulière

que l'on nous a rapporté, ont prétendu que ces vins d'Espagne rentrent dans ces conditions, mais ils coûtent fort cher et la quantité à expédier doit être réduite au minimum des besoins. (L. Guiot. *Vie de Monseigneur Pottier.* p. 111).

de la Providence, car ces Américains ne sont pas les amis des missionnaires catholiques.

« Nous avons reçu, il y a une quinzaine de jours, des nouvelles de la Corée : elles étaient attendues depuis longtemps, les dernières datant de dix-huit mois. Mgr de Capse et ses deux missionnaires prêchent, baptisent et confessent jour et nuit, toujours en secret. Monseigneur nous dit qu'il est arrivé au *nec plus ultra* du travail. Obligé de se lever à 2 heures 1/2 du matin, il est occupé jusqu'à midi, de telle sorte qu'il n'a pas le temps de prendre plus tôt un peu de nourriture. Le soir, il fait deux classes, l'une à quelques hommes faits, solides chrétiens qu'il espère bientôt élever au sacerdoce [1], et l'autre à des enfants qu'il enverra plus tard à notre collège-séminaire de Pinang. Ses disci-

1. La difficulté qu'éprouvaient les missionnaires pour pénétrer en Corée et pour y demeurer cachés les fit immédiatement penser à créer un clergé indigène. Le vicaire apostolique de la Corée était, en 1839, Mgr Imbert et ses deux coopérateurs MM. Mauban et Chastan. La persécution devint affreuse dans ces contrées, et Mgr Imbert, pour sauver ses pauvres chrétiens, résolut de se livrer lui-même aux persécuteurs, il écrivit à ses deux compagnons d'en faire autant. MM. Mauban et Chastan obéirent avec joie à leur vicaire apostolique, comme à l'ordre de Dieu. Ils reçurent ensemble la glorieuse couronne du martyre, le 21 septembre 1839. (L'abbé Pichon. *Vie de Mgr Berneux*, chap. XVI. — *Annales*, t. XVI, p. 234).

ples le suivent dans ses courses apostoliques, car il ne demeure que deux ou trois jours dans le même endroit. Pendant l'année 1838, Monseigneur et ses deux collaborateurs ont baptisé plus de 1.900 adultes et 600 enfants. Le nombre des chrétiens a augmenté à peu près de moitié pendant leur séjour en Corée. Il y en a plus de 9.000 maintenant. Presque tous sont misérables parce qu'ils sont obligés de fuir le voisinage des païens et de se retirer dans les montagnes où souvent ils meurent de faim ou sous la dent des tigres.

« Nous avons ici deux élèves coréens qui inspirent le plus grand intérêt par leur sagesse, leur modestie, leur application soutenue au travail et surtout par leur piété qui l'emporte encore sur toutes leurs autres qualités.

« Ils ont la tournure européenne et sont susceptibles de recevoir une complète éducation, ce que vous chercheriez en vain chez des Indiens et même chez les Chinois.

« L'autre jour, un de mes confrères, sachant la négligence du cuisinier chargé de préparer les repas de ces jeunes Coréens, les questionna pour savoir si rien ne leur manquait. L'un d'eux répondit en souriant : « Pourquoi, Père, nous faites-vous ces questions ? Pourvu que nous ayons du riz à notre suffisance nous n'avons besoin de nulle autre chose. »

« Le bon Dieu me fait une grande grâce en me donnant un de ces jeunes gens pour me servir la sainte messe : son recueillement et sa piété servent beaucoup à augmenter ma ferveur. Depuis huit jours, je suis chargé de continuer leur éducation et c'est pour moi une véritable satisfaction. Ils comprennent bien le latin et l'écrivent assez correctement. Je leur fais faire des narrations, des lettres. Ils développent le texte du catéchisme du Concile de Trente. Avant un an, ils pourront, je crois, commencer l'étude de la philosophie [1].

« Je ne sais quand je partirai d'ici, ce sera peut-être vers la fin de l'année, car c'est l'époque où arrivent ordinairement à Macao les courriers envoyés par NN. SS. les vicaires apostoliques. J'ignore aussi où l'on m'enverra, au Sut-Chuen où vers le Nord. Je ne désire pas l'un plus que l'autre : je sais que partout je trouverai du travail et le moyen de m'employer à faire connaître notre sainte religion. En attendant, je m'occupe de l'étude des caractères chinois et je trouve bien dans ce travail le

---

1. Ces deux Coréens étaient André Kim et Thomas Tschoëz. Ils furent les élèves de M. Berneux après avoir été ceux de l'abbé Taillandier.

moyen de passer les journées sans ennui. Pourvu que j'aie de l'ouvrage et la facilité de m'y appliquer, je ne me fais pas de mauvais sang.

« Quoique les catholiques ne soient pas inquiétés dans la plus grande partie de la Chine, il y a cependant des persécutions partielles et nos missionnaires sont éprouvés chacun à leur tour. Dernièrement, ils ont subi quelques alertes au Kiam-Si ; ils ont dû changer de demeures et même de noms. Un lazariste français, M. Perboyre, a été pris, horriblement maltraité. On a dû, ces dernières semaines, le conduire à la ville impériale où il a sans aucun doute reçu la couronne du martyre [1].

« C'est le 16 de ce mois que le mandarin supérieur de Canton doit instruire l'affaire des courriers cochinchinois dont je vous ai parlé plus haut. Il sait qui les a envoyés à Canton et demande dans cette ville M. Legrégeois pour le confronter avec le courrier qui est détenu dans ses prisons. M. Legrégeois a changé de mission de crainte qu'on ne vienne l'arrêter ici. Si ces Chinois mettaient une bonne fois la main

1. Le Bienheureux Jean-Gabriel Perboyre, fut arrêté au mois de septembre 1839. Conduit dans la ville de Ou-Tchang-Fou, métropole de sa province, il y reçut la palme du martyre, le 11 septembre 1840.

sur lui, ils l'enverraient certainement plus loin que Canton. . . . . »

L'Angleterre était alors en pourparlers avec la Chine pour obtenir que plusieurs ports de l'empire fussent ouverts à ses commerçants. Les diplomates chinois promettaient beaucoup et ne tenaient jamais à leur parole. Les hostilités étaient imminentes. Laissons à l'amiral Jurien de la Gravière le soin de nous apprendre la cause de ce conflit qui ne se termina que par le traité de 1842 [1] :

« Le commerce de l'opium avait troublé la balance des échanges et faisait refluer chaque année vers l'Europe près de 50 millions de ce numéraire que l'empire chinois absorba pendant près de deux siècles en échange des produits de son industrie. La cour de Pe-King fut alarmée de l'extension qu'avait prise ce trafic illicite, des ravages qu'il exerçait dans les classes populaires, de l'appauvrissement dont il semblait menacer la réserve métallique de l'empire. Elle chargea un fonctionnaire énergique, le commissaire Liu, de mettre un terme à cet abus. Après avoir tenu bloqués pendant quelques jours dans les factoreries de Canton les négociants européens et le surintendant du

1. *Voyage en Chine*, tome I, p. 62.

commerce anglais, le capitaine Elliot, Liu obtint la remise de vingt mille caisses d'opium, qu'il fit réduire en pâte et jeter à la mer le 7 juin 1839. C'en était fait du commerce de l'Angleterre avec la Chine, si cette puissance laissait une pareille violence impunie. »

Les choses en étaient dans cet état, lorsque le 19 avril 1840, l'abbé Taillandier écrivit à son frère Victor la lettre suivante : « Les premières semaines de notre séjour à Macao ont été un peu critiques et nous ne savions pas si les affaires des Anglais ne retomberaient pas jusques sur nous, et si nous ne nous trouverions pas bientôt dans l'alternative de quitter la ville ou d'encourir les chances d'un étroit blocus. Mais le gouvernement portugais de Macao ayant fait des observations sur l'injustice de leurs procédés aux mandarins chinois. Ceux-ci se sont enfin décidés à laisser la ville en paix et à attendre les Anglais sur leur propre territoire.

« Depuis quelque temps on occupe à Canton des milliers de Chinois à fabriquer des armes et à prendre les moyens nécessaires pour repousser les Anglais. Les Chinois reconnaissent que les Européens leur sont supérieurs sur mer, mais ils ne peuvent pas concevoir que quelques milliers d'hommes aient la témérité de leur chercher querelle sur terre. Cependant, il est possible que cette poignée d'Anglais s'empare sous peu de la ville impériale ou du moins bien probable qu'elle va prendre quelques ports importants qui rendront l'Angleterre maîtresse de la Chine et de toutes les îles voisines. Cette expédition nous sera, nous l'espérons, favorable. La flotte anglaise doit arriver dans nos parages avant un mois. Nous ne craignons rien ici parce que les Anglais doivent monter vers le Nord. . . . . »

Les prévisions de l'abbé Taillandier se réalisèrent, et, le 5 juillet 1840, la flotte anglaise s'empara de l'île de Chou-San, considérée comme la clef du commerce maritime des provinces septentrionales.

Au mois de septembre de la même année, l'abbé Taillandier apprit qu'il était destiné à la mission du Sut-Chuen. Cette province est une des plus belles, sinon la plus belle de la Chine entière. Tching-Tou-Fou, sa capitale, est une des plus grandes villes de l'empire chinois. Le christianisme fut apporté dans ce pays dès les temps les plus reculés ; plus tard, les jésuites évangélisèrent de nouveau cette province. Le premier vicaire apostolique du Sut-Chuen fut

M. Artus de Lyonne, sacré à Canton, évêque de Rosalie, le 30 novembre 1699 [1].

« Le voyage que je vais entreprendre pour me rendre au Sut-Chuen, écrit l'abbé Taillandier, à ses parents [2], sera long et ennuyeux, mais les fatigues ne seront pas grandes, je ferai presque toute la route en bateau. Je suis, du reste, fort en état de supporter quelque peine, car jamais ma santé n'a été meilleure. »

Une grande joie était réservée à notre missionnaire avant son départ pour le Sut-Chuen. L'abbé Berneux débarqua à Macao le 21 septembre 1840. Il était accompagné de deux jeunes prêtres des Missions étrangères. M. Berneux apportait à l'abbé Taillandier plusieurs lettres de sa famille et entre autres une de sa sœur Euphrasie, religieuse hospitalière à Ernée. Ce fut une véritable fête pour les deux missionnaires manceaux de se revoir, de se communiquer les nouvelles du pays et surtout de pouvoir échanger leurs pieux projets d'avenir.

Dans une lettre datée du 24 septembre 1840 et adressée à M. Nouard, curé de Couptrain, l'abbé Berneux parle ainsi de son arrivée à

1. Huc. *L'Empire Chinois*. I, p. 80.
2. Lettre du 22 septembre 1840.

Macao : « J'ai trouvé à notre procure Mgr Retord, évêque du Tonkin occidental et trois missionnaires qui attendent l'occasion de partir. L'un est un ami de séminaire, M. Taillandier, du diocèse du Mans, qui attend son courrier pour aller au Sut-Chuen. Je remercie Dieu de m'avoir donné la consolation de voir pour la dernière fois ce bienheureux confrère, quinze jours plus tard je ne l'aurais probablement plus trouvé ici. . . . . »

En effet, l'abbé Taillandier écrivait le 23 septembre à sa sœur Euphrasie : « Je quitte Macao dans quelques jours pour me rendre au Sut-Chuen. une des provinces de la Chine où nous avons quelques confrères et de nombreux chrétiens. Je vais voyager en pays ennemi, pour cette raison je n'emporte rien avec moi qui puisse me faire reconnaître pour un Européen, pas même mon bréviaire, mon chapelet ou la plus petite croix. Des vêtements à la chinoise, une longue queue[1] attachée à mes che-

---

1. C'est le signe caractéristique du Chinois. A l'effet d'obtenir cet appendice, on rase complètement le crâne en n'épargnant que la couronne d'où on laisse croître les cheveux dans toute leur exubérance. Cette queue atteint généralement la longueur d'un mètre, mais on peut l'accroître indéfiniment en prolongeant le ruban de soie qui sert à tresser les cheveux ou en ajoutant de faus-

veux, une pipe et quelque argent. voilà tout
mon bagage. Je serai accompagné par trois
Chinois dont l'un connait le latin. J'arriverai
probablement au terme de mon voyage avant
la fin de cette année 1840. La plus grande partie du trajet se fera par eau, car il n'y a pas de
route par terre. . . . . »

Le Sut-Chuen *(les quatre rivières)* est en
effet admirablement arrosé par plusieurs cours
d'eau qui viennent se perdre dans le Yang-tse-
Kiang ou fleuve Bleu. Ce grand fleuve traverse
la province et est navigable jusqu'à Ping-Chan-
Shien pour les jonques du commerce. A Tchong-
King-Fou, il reçoit les eaux du Kialing qui
descend des montagnes de Han-Tchong dans
le Chen-Si. Plusieurs autres affluents complè-
tent sur la rive gauche du fleuve Bleu les voies
de communication et la fertilisation de la province. Le fleuve Bleu n'a, au contraire, sur la
rive droite, qu'un affluent navigable, le Ou-

---

ses nattes qu'on se procure presque pour rien
dans toutes les boutiques de barbier. Cet usage
est adopté parmi les Chinois proprement dits
comme parmi les Mandchous. Cependant, il y a
quelques exceptions. La règle distinctive des prêtres de la religion boudhique est de se raser complètement la tête. Laisser croitre ses cheveux et
les réunir sur le haut de la tête est la coiffure des
prêtres de la secte du *Tao*. (William C. Milne. *La
vie réelle en Chine*. p. 5).

Kiang, qui prend sa source dans la province du Kouy-Tcheou et débouche à Foú-Tcheou.

Les communications par terre sont actuellement très nombreuses, elles sont moins fréquentées que celles par eau, malgré les rapides que l'on rencontre dans les rivières du Sut-Chuen et qui rendent la navigation difficile et périlleuse.

M. Taillandier passa les trois dernières semaines de son séjour à Macao en compagnie de l'abbé Berneux. Ce dernier, le 27 octobre 1840, écrivait à Mgr Bouvier : « Ces trois semaines m'ont fait le plus grand plaisir et ont été pour moi trois semaines d'édification dont je dois rendre grâces au bon Dieu. »

CHAPITRE V

Départ de l'abbé Taillandier pour le Sut-Chuen. — Il est arrêté par des pirates et fait prisonnier. — Ses souffrances. — Sa patience. — Sa délivrance. — M. Delamotte. — Le R. P. Hermozilla. — MM. Berneux et Galy. — M. Berneux, prisonnier.

L'abbé Taillandier partit de Macao pour le Sut-Chuen, le 16 octobre 1840. Il était accompagné de deux conducteurs et d'un jeune Chinois nommé Augustin Ko qui, après avoir fait ses études au collège-séminaire de Poulo-Pinang, retournait au Sut-Chuen, son pays natal. L'un des courriers, appelé Paul, était un fervent chrétien qui avait introduit avec succès plusieurs missionnaires dans sa patrie.

« Cette fois, raconte M. Berneux[1], le bon Dieu, dont les desseins sont toujours adorables, n'a pas permis qu'il fût aussi heureux. Le quatrième jour après son départ, le courrier est revenu à Macao annoncer que la barque a été

1. *Vie de Mgr Berneux*, p. 50.

saisie, le 19 au matin, à dix lieues de Canton, par douze hommes très robustes. Ces Chinois se disent satellites envoyés par le mandarin afin de s'assurer que la barque ne porte pas d'opium. Une fois montés à bord, ils entrent de suite dans la petite chambre où M. Taillandier déjeunait et déclarent qu'ils leur faut, non pas de l'opium, mais l'Européen caché. Paul veut en vain se défendre et leur persuader que M. Taillandier est un Chinois de la province de Fo-Kien : il faut renoncer à toute dissimulation et se résoudre à composer.

« Ces prétendus satellites, qui ne sont autre chose que des voleurs, demandent d'abord pour rendre la liberté à M. Taillandier 30.000 thaëls, c'est-à-dire plus de 200.000 francs. Après bien des discussions, ils se réduisent à 20.000 thaëls, puis à 11.000 piastres ou 66.000 francs[1].

« C'est pour réclamer cette somme que deux des courriers sont revenus à Macao, pendant que le pauvre missionnaire, avec son plus jeune courrier, était caché dans une maison chinoise, sous la garde des douze voleurs. Nos procureurs

---

1. Les voleurs signèrent un billet par lequel ils s'engagèrent à délivrer le prisonnier au reçu de sa rançon. Ils brûlèrent ce billet devant une idole en touchant la terre de leur front. Un serment ainsi fait est regardé comme inviolable par les Chinois.

n'avaient pas 11.000 piastres à leur disposition : d'ailleurs ils ne les auraient pas données à des hommes qui auraient pu, le lendemain, arrêter encore, ou faire arrêter par d'autres, une barque qui était pour eux un moyen facile de s'enrichir. Ils ont remis 500 piastres seulement entre les mains des courriers. Nous espérons de la miséricorde de Notre-Seigneur qu'à ce prix nous arracherons le cher captif des griffes de ces brigands. Ils craindront qu'en renvoyant les courriers à Macao, ils ne soient dénoncés eux-mêmes au mandarin, et qu'ils ne perdent leur argent et leur liberté. . . . . »

L'abbé Taillandier fut livré par les voleurs aux satellites du mandarin pour être par eux conduit à Canton. Le mandarin qui avait été averti qu'un Européen devait essayer d'entrer dans l'intérieur de la Chine, avait envoyé ses soldats à sa poursuite. Ne les voyant pas revenir, il en envoya d'autres, au lieu de l'arrestation pour hâter leur retour. Une partie de ces satellites conduisit l'abbé Taillandier à Canton ; les autres attendirent les deux courriers qui étaient allés à Macao chercher la rançon, afin de les prendre eux et leur argent : c'est ce qui arriva, en effet. Les gens de la barque ne furent pas arrêtés, il est donc permis de croire que les mandarins apprirent par eux l'entrée en Chine de notre missionnaire.

« Le 21 octobre, on fit subir à M. Taillandier et au jeune Augustin leur premier interrogatoire.

« Le mandarin adressa au missionnaire mille questions sur le but de son voyage, sur son nom, sur celui qui l'envoyait en Chine, mais pour ne compromettre ni la mission de la Chine, ni la procure de Macao, notre très cher confrère et le jeune courrier qui était resté avec lui ne voulurent répondre à aucune question. Alors, on a donné à M. Taillandier bon nombre de coups de rotin, quelques-uns disent 3 ou 400. Ne pouvant tirer aucune parole du missionnaire, le mandarin voulut le forcer d'écrire. M. Taillandier traça alors ces mots bien dignes de sa belle âme pleine de vigueur et de fermeté : « *Spiritus Domini confortet me in bonum finem*[1]. »

M. Berneux, dans une lettre adressée à M. l'abbé Moriceau, vicaire à la Trinité de Laval, le 20 décembre 1840, donne les détails suivants sur les souffrances et la captivité du généreux confesseur de la foi : « Le 21 octobre, M. Taillandier et Augustin furent interrogés sans vouloir rien répondre. Un ministre protestant

1. Lettre de M. Beunel, missionnaire à Siam, adressée de Singapor, le 20 novembre 1840, à M. le Curé de Cossé.

dont vous avez dû entendre parler, M. Stanton,
que des Chinois prirent pendant qu'il se baignait
et conduisirent à Canton, les interrogea en latin sans rien obtenir. Il déclara au mandarin
qu'il croyait les prisonniers italiens. Alors,
on ôta à Augustin la cangue qu'il portait ; ses
mains étaient liées derrière la tête avec une
chaine dont les extrémités étaient attachées
aux orteils : M. Taillandier n'avait pas de cangue.

« Le soir, M. Taillandier écrivit en latin à
M. Stanton : on remit la lettre au ministre protestant parce qu'on espérait qu'elle ferait connaître les deux prisonniers. M. Taillandier ex-
primait le désir de faire savoir à notre procureur qu'il était en prison et qu'il fallait rete-
nir les autres courriers, autrement ils seraient
pris avec leur argent. Mais il fut impossible de
nous avertir et les deux courriers ont été arrêtés. Il ajoutait qu'il était en prison avec cinquante criminels. Dès lors toute communication lui fut interdite avec le ministre anglais,
qui a su seulement que notre pauvre prisonnier souffrait beaucoup de la faim et du froid,
et qu'il avait des douleurs d'entrailles très vio-
lentes. Tous ces détails nous ont été donnés
par M. Stanton lui-même, aussitôt après son
élargissement.

« Comme vous le pensez bien, nos procureurs ont cherché tous les moyens de faire parvenir quelque adoucissement à M. Taillandier. Un courrier annamite que nous avons à Canton, a pu deux fois faire arriver un chrétien jusqu'à lui. Mais comme ses rapports ne s'accordent pas parfaitement avec ceux qui nous ont été faits plus tard, et de la vérité desquels on ne peut douter, je crains que ce chrétien n'ait pas osé visiter le prisonnier européen, et qu'il n'ait enduit en erreur le courrier annamite.

« Le bon Dieu nous a ouvert une voie plus sûre. Un Chinois païen, riche négociant, ayant entendu un Allemand, résidant comme lui à Canton, et avec lequel il est lié assez étroitement, parler avec intérêt de M. Taillandier, s'est empressé, dès son retour à la ville, d'aller trouver le geôlier qu'il connaît beaucoup. Il a pu faire ouvrir les onze portes fermées sur le pauvre prisonnier. Il l'a trouvé dans un bien pitoyable état, lié de manière à ne pouvoir marcher, au milieu de cinquante scélérats, sans autre habit que la chemise rouge dont on affuble les criminels, assis dans l'ordure et dans l'eau, et recevant sur les épaules la pluie froide qui tombait alors.

« Vous connaissez M. Taillandier : il n'est pas

difficile de découvrir le fond de son âme. Aussi le Chinois, tout païen qu'il est, fût-il ému jusqu'aux entrailles en voyant confondu avec cinquante bandits un homme qui porte la vertu et la bonté écrites sur son visage.

« Au moyen de trente et quelques piastres, il a pu lui donner un peu de paille et des vêtements. Puis, à force d'instances, il a obtenu que, pour 240 piastres, il serait mieux traité pendant tout le temps que doit durer sa captivité. De suite, notre procureur a envoyé la somme demandée, et nous savons que déjà il a reçu de nouveaux soulagements. J'ai vu hier ce Chinois arrivant de Canton. Il a vu M. Taillandier avant de partir : il se portait déjà mieux par suite d'un meilleur traitement. Il a une longue tunique, un pantalon, des bas, des souliers ; sa tête aussi est couverte ; son riz est chaud et plus abondant ; il a en outre du *carri*, espèce de sauce chinoise bonne pour l'estomac, et du thé. Plus tard, le geôlier ajoutera quelque chose encore, mais il attend, pour ne pas trop éveiller l'attention des mandarins visiteurs.

« Une lettre d'un Américain nous annonce que notre prisonnier a changé d'appartement : il est à l'abri des injures du temps, dans la chambre qu'occupait M. Stanton ; il a pour

compagnons quelques Chinois comme il faut.
Il y a dans cette partie de la prison une lampe,
une table et des livres. Vous voyez, mon cher
abbé Moriceau, qu'il y a déjà quelque amélio-
ration dans la position de notre confrère.

« M. Barrot, consul général de France dans
les pays que baigne la mer de Chine, a fait parvenir à notre procureur une lettre qu'il adresse
au grand mandarin de Canton, dans laquelle il
réclame M. Taillandier, afin, dit-il, de le punir,
s'il est coupable. M. le gouverneur de Macao
ne croit pas qu'il soit à propos de présenter
maintenant cette lettre au mandarin. Nous ne
désespérons pas de délivrer ce cher prisonnier. . . . . »

Dans le même but, M. Legrégeois, procureur des missions à Macao, faisait alors des
démarches auprès de MM. Elliott, dont l'un
était amiral et commandant en chef de la flotte
anglaise, et l'autre commissaire du gouvernement britannique dans les mers de Chine.

L'amiral anglais se chargea très volontiers
d'intervenir auprès des mandarins en faveur de
M. Taillandier. Son zèle fut couronné de succès. Dès les premiers jours de janvier 1841,
notre missionnaire sortit de prison et retourna
à Macao, un peu affaibli, mais sans donner
aucune crainte pour sa santé.

M. Barran, directeur au séminaire des missions, fait part de ces nouvelles, le 9 avril 1841, à l'abbé Davost, en ajoutant ces réflexions : « Nos confrères de Macao nous mandent que votre neveu ne parle qu'avec indifférence de ce qu'il a eu à souffrir et que la seule contrariété qu'il semble éprouver, c'est d'avoir laissé entre les mains des mandarins deux chrétiens chinois qui se rendaient avec lui au Sut-Chuen. Il espère cependant, et nous partageons ses sentiments, que leur qualité de Chinois rendra leur délivrance possible. . . . . »

Du reste, c'est dans une lettre écrite par M. Taillandier à M. Davost, le 21 janvier 1841, que nous trouvons l'expression authentique des sentiments si nobles du jeune missionnaire : « Je viens de finir un trimestre qui m'a paru un peu long. Actuellement, je suis libre et aussi bien portant que de coutume. J'ai souffert un peu dans le prison de la mauvaise nourriture, de la privation de livres et d'autres objets qui m'auraient été fort utiles. Mais je ne me plains point de la manière dont il a plu à notre divin Maître de me traiter. S'il m'a envoyé quelques tribulations, il a bien su les adoucir et a proportionné à ma faiblesse le poids de la croix qu'il m'a donnée à porter. C'est un petit apprentissage du ministère apostolique. Le divin

Jésus a porté des chaînes, les Apôtres aussi. Je suis bien heureux d'avoir porté les miennes et j'en remercierai toujours le bon Dieu.

« Après ma délivrance, j'ai eu le bonheur de revoir mes confrères et mes amis ; je ne saurais vous exprimer la cordialité et les marques d'affection avec lesquelles il m'ont reçu. Le Seigneur tout bon a exaucé les ardentes prières qu'ils lui ont adressées pour moi pendant ma captivité.

« Mes pauvres courriers, que je n'ai pas vus depuis notre arrestation, demeurent dans les prisons de Canton, et je ne sais si je dois espérer pour eux autre chose que l'exil ou la mort. Priez donc Dieu qu'il les assiste puissamment de sa grâce. . . . . »

Dans une autre lettre adressée à ses parents, le 11 mars 1841, notre missionnaire donne de plus amples détails sur sa captivité et sur sa délivrance. Voici en grande partie cette belle lettre :

« Vous pensez peut-être, chers Parents, que je suis encore en prison ou que les ennemis de Dieu et de notre sainte religion ont mis fin à mon exil sur cette terre de misères et de tribulations. Le Seigneur n'a pas voulu me faire cette grâce qu'il a accordée ces derniers temps à plusieurs missionnaires. M. Perboyre, de la congrégation des Lazaristes, missionnaire en Chine, a été fait prisonnier au commencement de l'année dernière et mis à mort après sept ou huit mois de captivité. M. Delamotte, qui avait été vicaire tout près de nous, à Saint-Ouën-des-Toits, est mort au commencement du mois d'octobre dernier dans les prisons de Cochinchine, après une incarcération de sept mois[1]. J'envie leur bonheur, mais je ne puis me plaindre de ce que je n'ai pas été appelé cette fois à partager la récompense dont ils jouissent. Qu'ai-je fait pour prétendre si tôt au repos ? Ce n'est que celui qui aura bien combattu qui recevra la couronne et je n'ai pas encore mis la main à l'œuvre ; je n'ai pas encore eu le bonheur de régénérer une seule âme dans les eaux sacrées du baptême et je n'ai prêché Jésus crucifié à aucun infidèle.

1. Gilles-Joseph-Louis Delamotte, était né le 24 octobre 1799, à Montjoye, paroisse du diocèse de Coutances, mais il avait fait ses études au petit séminaire du Mans, et il fut incorporé à ce diocèse en 1822. Ordonné prêtre le 10 août 1825, il fut nommé vicaire à Saint-Ouën-des-Toits, où il exerça le saint ministère jusqu'au 18 juillet 1830, époque de son entrée au séminaire des Missions étrangères. Il mourut en prison, le 3 octobre 1840, après avoir travaillé, avec beaucoup de zèle, dans la mission de Cochinchine, pendant plusieurs années. (L'abbé Pichon. *Vie de Mgr Berneux*, p.126).

« Les deux courriers arrêtés avec moi ont été torturés parce qu'ils ne voulaient pas répondre aux questions qui leur étaient faites au sujet des missionnaires. Les pauvres gens sont toujours en prison. Depuis ma délivrance, leur cause est devenue moins mauvaise et on ne les inquiète plus pour avoir introduit un Européen dans leur pays, mais seulement parce qu'ils sont chrétiens. On leur a proposé de les renvoyer s'ils voulaient renoncer à leur religion, mais comme ils ont refusé, ils seront très probablement exilés en Tartarie. Priez donc pour eux.

« Depuis que je suis revenu de Canton, les Anglais, trompés par les fausses promesses des Chinois, ont dû reprendre les hostilités. Ils ont renversé tous les forts qui pouvaient leur fermer le passage pour aller à Canton et maintenant ils sont campés à une lieue de cette ville, qu'ils peuvent prendre ou brûler quand ils le voudront.

« Les Chinois ne paraissent pas décidés à faire la paix et à céder aux conditions des Anglais. Les mandarins ne peuvent faire aucune concession sans l'agrément de l'Empereur, et celui-ci leur a dit qu'ils ne doivent pas laisser prendre un pouce de terrain aux étrangers, ni leur permettre le moindre commerce. En attendant que les affaires se débrouillent, nous sommes tranquilles à Macao et nous espérons que la divine Providence nous ouvrira quelque autre voie pour pénétrer dans l'intérieur de l'Empire. . . . »

M. Taillandier, dans une lettre du 27 mai 1841, adressée de Macao à M. Davost, donne de plus amples détails sur la guerre entre les Chinois et les Anglais :

« Les négociants qui sont ici en grand nombre, sont désolés de ces hostilités. Quand M. Elliott, plénipotentiaire[1], eut la bonté d'obtenir

1. ELLIOT (Georges), marin anglais, né en 1784, mort en 1863. Il était le second fils de lord Minto, célèbre diplomate anglais. Sa carrière fut très active. En 1830, il était capitaine de vaisseau ; après de nombreuses campagnes navales, il fut nommé secrétaire du conseil d'amirauté, et peu de temps après élevé au grade de contre-amiral. Il fut mis, avec ce grade, à la tête de la division navale du Cap de Bonne-Espérance. Jusque-là, toutefois, il n'était qu'un officier très ignoré de la marine britannique. Mais au mois de mars 1840, l'Angleterre entreprit, contre l'empire chinois la célèbre et odieuse *guerre de l'opium*. Ce fut le contre-amiral Elliot qui fut choisi pour commander l'escadre anglaise, combattre les Chinois, forcer l'entrée du fleuve Jaune et aller dicter des conditions à l'empereur Tao-Kouang, en réponse à sa déclaration de guerre. Elliot conduisit cette expédition avec une grande énergie : il s'empara de l'île de Chou-San, sur le littoral de la province de Nankin ; puis débarqua avec un très petit nombre de soldats de marine sur la partie continentale de l'empire et battit les troupes chinoises à Tchum-pi.

ma délivrance, on parlait beaucoup de la paix ; même il semblait que dans une semaine ou deux tout allait être terminé. Les Chinois, par des promesses fallacieuses ont amusé les An-

Il marchait vers Pékin lorsque des envoyés de l'empereur Tao-Kouang le décidèrent par leurs propositions pacifiques, à s'arrêter et même à rétrograder. Le gouvernement anglais regarda cette concession comme une faute ; le commandement de l'expédition fut retiré au contre-amiral Elliot. Ses succès eurent néanmoins pour résultat le traité du 26 août 1842 qui donnait une victoire complète à l'Angleterre puisqu'il accordait aux Européens la liberté d'échanger leurs produits, de faire le commerce dans les ports de l'empire, et aux Anglais, en particulier, *le droit d'empoisonner par l'opium le peuple chinois*. Cinq ans après ce traité, M. George Elliot était nommé vice-amiral ; il fit partie ensuite du conseil d'amirauté.

Un de ses neveux, Charles John Brydone ELLIOT, né en 1818, est encore officier de marine. Il fit sous les ordres de son oncle la guerre de Chine en 1840, et y gagna le grade de capitaine. Il fut plus tard nommé commandant et, en 1855, pendant la guerre de Crimée il se distingua dans l'expédition franco-anglaise de la Baltique[1].

1. ELLIOT (sir Charles), administrateur et marin anglais, né en 1801. Frère de Georges, il entra de bonne heure dans la marine royale, devint capitaine de vaisseau en 1828, et fut nommé, en 1836, inspecteur en chef du gouvernement anglais à Canton. Tous les Anglais résidant en Chine furent placés sous sa juridiction, et il reçut en même temps la mission de rétablir l'ordre dans les affaires commerciales, qui étaient alors dans un désarroi complet ; mais il ne put y réussir. En 1837, il avait, sans motif apparent, transporté sa résidence de Canton à Macao. En 1839 les négociants anglais furent forcés de céder aux prétentions de Liu, le gouverneur Chinois, et de lui livrer tout leur opium. Malgré la brillante victoire remportée par les Anglais sur la flotte chinoise, il n'en fut pas moins rappelé et envoyé au Texas l'année suivante, en qualité de consul. En 1846, il devint gouverneur des îles Bermudes, et alla plus tard occuper le même poste successivement à l'île de la Trinité (1853) puis à l'île Sainte-Hélène. En 1862 il a été promu au grade de vice-amiral.

glais pendant plus de six semaines. Enfin,
ils ont fini par déclarer que toutes les con-
cessions qu'ils avaient faites étaient nulles,
faute de pouvoirs pour les faire de la part
de l'Empereur. La guerre a donc recom-
mencé. Les Chinois ont perdu leurs forts, leurs
canons, un grand nombre de soldats et tous
leurs navires de guerre qui se sont trouvés en
vue de l'ennemi. Ils ont alors hissé le pavillon
de trêve et demandé à capituler. Les Anglais
ont simplement exigé que le commerce re-
prenne son cours ordinaire jusqu'à ce que l'on
puisse s'accorder avec l'Empereur.

« Pour protéger les négociants les navires
de guerre sont entrés dans la rivière assez près
de Canton pendant que les marchands étaient
dans cette ville pour faire leurs achats de thé.
Une dizaine de soldats stationnaient ordinairement près de la demeure de ces négociants.
Jugez quelle bonne garde ce devait être contre
plus de 30.000 soldats Chinois campés autour
de Canton !

« Chaque jour arrivaient des édits impériaux
destituant les mandarins pour n'avoir pas encore exterminé les étrangers et leur substi-
tuant des hommes plus dignes de la confiance
du Fils du Ciel. Le peuple qui avait jusqu'alors
tant insulté les Anglais, n'osait plus rien entreprendre contre eux parce qu'ils avaient déclaré

qu'à la première marque d'hostilité ils incen-
dieraient la ville.

« Enfin, la trêve accordée pour le commerce
est expirée. Les Chinois, en foule, abandonnent
la ville à l'instigation secrète des mandarins
qui, pour enlever toute défiance aux Anglais,
font afficher dans la ville qu'il n'y a rien à
craindre et que les habitants peuvent demeurer
tranquilles. Vendredi dernier, 21 mai, le gouverneur de Canton voulant rassurer les Anglais
qui avaient manifesté leur étonnement au sujet
de cette émigration, leur envoya une circulaire,
munie de son sceau, dans laquelle il leur affir-
me, avec beaucoup de politesse, qu'il n'y a
contre eux aucun projet et qu'ils peuvent être
sans inquiétude.

« M. Elliott, bien informé de tout ce qui se
tramait, fit parvenir une lettre à tous les négociants pour les prier de quitter la ville avant le
coucher du soleil. Immédiatement, on se hâta
d'embarquer les marchandises les plus précieuses et de sortir de Canton.

« Il n'y avait pas un quart d'heure que le
dernier Anglais avait quitté la ville, que des
milliers de soldats, se précipitant sur la maison des négociants, brisèrent et pillèrent tout.
Ils dressèrent des batteries contre les navires
et commencèrent à faire feu sur la flotte anglaise. Selon leur habitude, les Chinois ont

bien perdu leur temps : leurs boulets tombaient dans l'eau. Ils ont reçu quelques bordées de canons chargés à mitraille et ont vu s'éclaircir leurs rangs. D'un autre côté, deux grandes jonques sont venues décharger leur artillerie sur un vapeur anglais bardé de fer et d'un très petit tirant d'eau. Ce vaisseau les a poursuivies jusques dans un petit port qui renfermait quarante-cinq autres jonques. Il les a toutes brûlées ou coulées. Les Chinois ont éprouvé de grandes pertes. Le plan des Anglais était pour aujourd'hui de faire rentrer dans la ville de Canton toutes les troupes chinoises afin de les réduire d'un seul coup. Nous ne savons ce qui en sera résulté.

« D'après la tournure des affaires, il semble qu'il est impossible de traiter avec le gouvernement chinois. Son système politique, basé uniquement sur la perfidie, ne peut se concilier avec nos idées européennes. Pour avoir quelques garanties, il faut que les Anglais prennent par la force et conservent de la même manière ce qu'ils veulent obtenir en compensation des pertes qu'ils ont subies de la part des Chinois. Cela leur causera, sans doute, de grandes dépenses et les forcera probablement de pousser bien loin leurs conquêtes, comme ils ont été obligés de faire dans l'Inde. La Providence, qui dirige secrètement les actions des peuples et des hommes, fera tourner cette guerre à l'avantage de notre sainte religion dans ces pays où le démon règne d'une manière effroyable.

« Malgré ces démêlés, deux missionnaires italiens et un lazariste français ont pu pénétrer dans l'intérieur de l'empire il y a environ trois mois. Quand l'occasion de les imiter se présentera-t-elle pour moi ? Mes courriers sont toujours en prison : si les Anglais brûlent la ville de Canton, je ne sais ce qu'ils vont devenir.

« Le cruel Mîn-Màng, roi de Cochinchine, l'un des plus féroces persécuteurs de la foi chrétienne est mort le 20 janvier 1841. Son successeur est son fils aîné : Thieou-Tri. . . »

Déjà, dans une lettre que nous avons publiée en partie, notre missionnaire envoie à ses parents des nouvelles de la mort de M. Delamotte. Dans une autre, adressée le 8 août, à Monseigneur Bouvier, évêque du Mans, M. Taillandier donne sur la fin héroïque de ce missionnaire manceau des détails que nous ne pouvons laisser passer sous silence : « L'année dernière, j'ai eu l'honneur d'écrire à Votre Grandeur pour lui annoncer la captivité de M. Delamotte. Depuis, vous avez dû apprendre que ce confrère, d'heureuse mémoire, ne fait plus partie de l'Eglise militante et qu'il a succombé sous

le poids de ses fers après une captivité d'environ sept mois. Quoiqu'il n'ait pas eu le bonheur de mourrir de la main des bourreaux, il a
néanmoins eu le mérite du martyre. Plus d'une
fois son sang a coulé sous les coups de ses
persécuteurs, il a subi de terribles bâtonnades.

« Le roi Mîn-Mâng, regrettant la perte de
notre glorieux martyr M. Jaccard, avait des
desseins sur M. Delamotte : il voulait le faire
son interprète. Mais, ne pouvant se résoudre à
être servi par un chrétien, il avait pris à tâche
de faire apostasier notre chère confrère. M.
Delamotte priait Dieu de tout son cœur de le
délivrer de ce monde plutôt que de permettre
qu'il consacrât le reste de ses jours au service
de ce persécuteur. Il a été exaucé, et au commencement d'octobre dernier, il est mort dans sa
prison, épuisé de fatigues, et après avoir été plusieurs fois depuis sa captivité réduit à l'agonie.

« Sa mémoire sera en bénédiction, surtout
au Mans, où il a fait son entrée dans le sacerdoce et commencé l'exercice de son zèle pour
la gloire de Dieu et le salut des âmes. . . . . »

M. Berneux fut désigné pour remplacer M.
Delamotte au Tonkin. Il partit de Macao, le
3 janvier 1841, avec Mgr Retord, évêque d'Acan-
the, M. Galy, un dominicain espagnol, le P.
Emmanuel Rivas, et six jeunes Cochinchinois.
Ces saints missionnaires entrèrent au Tonkin

le jour même de la mort du roi Mìn-Màng, le 20 janvier 1841.

MM. Galy et Berneux furent désignés par leur vicaire apostolique pour porter secours à MM. Simonnin et Masson dans la province du Xü-Nghé, sur la frontière de la Cochinchine.

Le jour de Pâques, 11 avril 1841, ces deux saints prêtres se trouvaient au village de Phuc-Nhac, sur le bord de la mer : une barque devait les transporter, dans la nuit du lundi au mardi, à leur destination. Ils furent dénoncés au mandarin, gouverneur de la province de Nam-Dinh, auquel le roi Mìn-Màng, avant de mourir, avait imposé l'obligation d'arrêter un dominicain espagnol, missionnaire au Tonkin, le P. Hermozilla.

Ce mandarin parcourait le pays en tous sens à la tête d'une troupe de cinq cents soldats pour s'emparer du missionnaire espagnol. C'est en cherchant ce saint religieux qu'il arriva à Phuc-Nhac, où la présence des deux prêtres français lui fut signalée.

Le mandarin, enchanté de la prise de MM. Berneux et Galy, voulut faire valoir auprès du nouveau roi Thieou-Tri son mérite et son zèle. Il se vanta, dans une lettre qu'il écrivit à ce prince d'avoir enfin saisi le P. Hermozilla et c'est M. Galy qu'il choisit pour le faire passer aux yeux du roi pour ce missionnaire introuvable. Il poussa même la fourberie jusqu'à traiter avec beaucoup d'égards MM. Berneux et Galy espérant ainsi acheter leur silence.

M. Galy consentit volontiers à être pris pour le P. Hermozilla : « Si je passe pour lui, écrivait-il de sa prison, je serai détenu pour lui, frappé pour lui et aussi couronné pour lui. Si la fraude n'est pas découverte, ce sera un grand bien pour la mission des RR. PP. Espagnols et les perquisitions faites pour s'emparer du P. Hermozilla prendront certainement fin. »

Le P. Hermozilla venait d'être sacré évêque, le 25 avril, par Mgr Retord, évêque d'Acanthe. Lors de l'arrestation de MM. Berneux et Galy, il se tenait caché tout près de Phuc-Nhac et serait certainement tombé entre les mains des mandarins s'il ne s'était hâté de prendre la fuite. Ce saint évêque fut décapité pour la foi le 1er novembre 1861 après un épiscopat de plus de vingt ans dans les missions du Tonkin.

L'abbé Taillandier fut chargé d'apprendre à Madame Berneux, mère du vénérable confesseur de la foi, l'arrestation de son fils. M. le chanoine Pichon, dans sa vie de Mgr Berneux, a publié cette lettre en la faisant précéder de ces quelques lignes : « L'abbé Taillandier écrivit à Madame Berneux, le 8 août 1841, et sa lettre est trop belle pour que nous ne la reproduisions pas. »

« Nous n'avons pas retrouvé dansles pa-
piers de M. Taillandier une copie de cette
lettre, aussi nous sommes obligé pour ne
pas en priver nos lecteurs, d'en emprunter le
texte au beau travail de M. l'abbé Pichon :
« Quoique je n'aie pas l'honneur d'être connu
de vous, je prends cependant la liberté de vous
écrire pour vous donner des nouvelles de votre
fils, mon cher confrère et ami. J'eus le bonheur
de faire sa connaissance au séminaire du Mans,
il y a bientôt sept ans et je fus édifié comme
tous mes confrères de sa piété, de sa régularité
et de son application au travail, et charmé de
la bonté et de l'aménité de son caractère.

« A son arrivée au séminaire des missions
étrangères, que je quittais au mois d'avril
1839, il eût la bonté de m'écrire une lettre remplie des sentiments dont son âme abondait, et
dans laquelle il essayait de me dépeindre la joie
pieuse et sainte dont il jouissait, depuis qu'il
avait quitté Le Mans pour se consacrer à l'œuvre des Missions. Il m'en adressa une seconde
de Manille, au mois d'août de l'année dernière ;
et enfin en septembre il vint m'exprimer de
vive voix ce qu'il avait tâché de me faire connaître par ses lettres.

« Je ne vous dirai rien, Madame, de ses vertus de tout genre, de sa science, de sa piété, de

son zèle, de sa confiance en Dieu, de son amour pour Jésus-Christ souffrant et mourant pour sauver les hommes, et de sa dévotion toute spéciale envers la très sainte Vierge. Malgré sa grande humilité, il n'a pas pu cacher ces choses à l'amour d'une mère qui lui était si chère.

« Quand il apprit, au mois d'octobre dernier, que j'avais été fait prisonnier à Canton, il en fut attendri jusqu'aux larmes, il ne cessa de prier Dieu pour moi, et il eut la charité d'informer de suite ma famille de ce qui m'était arrivé. Qui eût dit alors que quelques mois après je serais libre, et que je serais à mon tour chargé de la tâche pénible de jeter la douleur dans le sein d'une famille, de contrister la mère de mon ami, de mon cher confrère ? Ce que Dieu fait est bien fait, et il ne nous est pas permis de murmurer contre sa Providence adorable ; mais il ne nous défend pas de nous affliger et de laisser couler les larmes que la nature sent le besoin de répandre. Lui-même se charge de nous soutenir dans nos désolations ; et il ne tarde pas de répandre dans nos âmes affligées le baume des plus douces consolations.

« Je ne doute donc pas, Madame, qu'après les premières larmes que va vous arracher la nouvelle que votre fils a été pris et enchaîné le jour de Pâques, vous n'éprouviez bientôt les sentiments admirables de Madame Jaccard, la généreuse mère de notre glorieux martyr de la Cochinchine.

« Qui sait si la couronne du martyr n'est pas réservée à votre fils, et s'il n'est pas déjà au ciel à vous attendre !... Quoi qu'il en soit, la cause de votre fils est bien belle, et ses tribulations lui seront un jour payées au poids de l'or. En attendant que nous recevions de ses nouvelles pour vous les transmettre, nous demanderons à Dieu qu'il daigne lui accorder la patience et les vertus dont il a besoin pour soutenir avec gloire devant les infidèles la cause de notre sainte religion. Nous prierons aussi qu'il plaise à sa divine bonté de répandre la joie et la consolation dans votre âme affligée... »

Cette lettre ne fut remise à Madame Berneux qu'après la délivrance de son fils bien aimé, au commencement d'octobre 1842 : sa captivité avait duré dix-sept mois.

CHAPITRE VI

Zèle de l'abbé Taillandier. — Départ pour le Tonkin. — Incidents de voyage. — En route pour le Yun-nam. — Pierre Ieu. — Le Catéchiste Paul.

L'abbé Taillandier attendait toujours à Macao que des courriers envoyés par les vicaires apostoliques de la Chine, vinssent à la procure réclamer des missionnaires. Mais les hostilités entre les Anglais et les Chinois empêchaient alors toute communication entre Macao et l'intérieur de l'empire. Notre missionnaire se désolait de cet état de choses : « Il y a deux ans et cinq mois que j'ai quitté Paris, écrivait-il le 22 septembre 1841, à M. Barran, directeur au séminaire des Missions, il y a vingt mois que je suis dans ces parages. Pendant tout ce temps, je n'ai rien fait pour l'œuvre à laquelle j'ai cru que le bon Dieu m'appelait. Je suis obligé de reconnaître que loin de faire des progrès dans la piété, j'ai fait des fautes réelles sous ce rapport.

« Il y a quelques mois, je me flattais que

bientôt je pourrais enfin m'acheminer de nouveau vers une des missions de Chine auxquelles j'avais été destiné à mon départ de Paris. Il n'est plus question d'envoi de missionnaires. Les Anglais poussent actuellement les affaires de la guerre avec plus d'activité que jamais. Tous les points importants de la côte vont être occupés jusqu'à nouvel ordre.

« Il me restait donc la perspective d'un séjour à la procure prolongé bien au-delà de mes désirs et la crainte de perdre peu à peu l'esprit de ma vocation.

« Je savais que Monseigneur le Vicaire apostolique du Tonkin désirait des missionnaires, quoiqu'il n'osât pas en demander, et, d'un autre côté, je croyais m'apercevoir que M. le Procureur ne voulait pas prendre sur lui d'en envoyer dans les circonstances présentes sans une demande expresse. J'ai pensé qu'il était bon que je fisse le sacrifice de ma première destination pour aller au Tonkin, dans l'espoir de me rendre utile bientôt si les missionnaires peuvent obtenir quelque tranquillité dans ce pays.

« Je me suis offert à notre Procureur, M. Legrégeois, le suppliant de m'expédier par la prochaine occasion. Je ne sais si j'ai bien fait. D'un côté, j'ai l'espoir de souffrir un peu pour la gloire de Dieu, celui de me rendre utile, la

certitude d'avoir d'excellents guides et de bien
bons confrères, et peut-être l'espérance du martyre. D'autre part, je renonce à ma mission de
Chine parce que je n'ai point assez de patience
et de conformité à la volonté du bon Dieu, et
puis j'ai toujours redouté les pays chauds : je
ne puis travailler ici, je ne puis méditer, je suis
un être inutile. Je retrouverai peut-être les
mêmes inconvénients au Tonkin, alors je m'in-
clinerai devant la sainte volonté de Dieu. Je le
prierai de me retirer le plus tôt possible d'un
monde où je ne puis faire aucun bien, afin que
je contracte le moins possible de dettes envers
sa justice adorable et que je ne devienne pas le
scandale de mes frères.

« Je vous écris les larmes aux yeux parce
que c'est avec regret que je renonce à ma mission.

« M. Legrégeois m'a dit qu'il me donnerait
dans quelques jours le choix entre la mission
du Tonkin et le collège de Poulo-Pinang. . . . .
Je choisis le Tonkin. J'aurai dans le ciel des
protecteurs, des encouragements de la part de
mes supérieurs et de mes confrères, de pieux
conseils de votre bienveillance et de votre charité pour moi. Si je ne fais pas le bien, à moi
seul la faute. . . . . »

La lettre suivante, adressée de La-Fou à M.

Libois, missionnaire à Macao, le 28 octobre
1841, nous donnera les plus amples détails sur
l'arrivée de notre missionnaire au Tonkin :
« Partis de Macao, comme vous savez, dans la
nuit du 3 au 4 octobre, nous trouvâmes un bon
vent à la sortie des îles, et le mardi 5 nous vîmes dans le lointain l'île de San-Tsao, vers les
9 heures du matin. Nous naviguâmes toujours
en pleine mer le jour et la nuit, excepté le mer-
credi au soir que nous jetâmes l'ancre parce
qu'on devait acheter quelques provisions et
prendre de l'eau. Le samedi nous vîmes les
montagnes de La-Fou et la terre du Tonkin.
Comme le vent nous abandonna vers le milieu
du jour nous ne pûmes parvenir jusqu'au port
et nous jetâmes l'ancre pour attendre la lumiè-
re du lendemain. L'eau était très basse, nous
avancions avec précaution en faisant usage de
la sonde.

« Les deux courriers du Père espagnol qui
nous accompagnait descendirent à terre le dimanche matin pour nous préparer des barques
et un gîte. Paul, notre catéchiste, demeura avec
nous. Nous avions jeté l'ancre avant d'arriver
dans le port, nous tenant assez éloignés des
autres navires, afin d'éviter les visites et pour
faire plus sûrement la contrebande quand la
nuit serait arrivée. C'est dans cet endroit que

nous fûmes accostés vers le milieu du jour par
une grande jonque portant plus de soixante
hommes. Notre capitaine fut questionné sur le
lieu d'où il venait, les marchandises qu'il portait. On ne pouvait s'expliquer pourquoi, avec
un bon vent, il demeurait à l'entrée du port et
n'allait pas rejoindre les autres navires. Notre
capitaine eût toutes les peines du monde à se
tirer d'affaires : il fut obligé de déployer ses
voiles et de lever l'ancre, qu'il jeta de nouveau
dés que ces messieurs eurent disparu. Je veux
bien supposer qu'ils étaient honnêtes, mais nos
marins n'étaient pas si charitables : ils nous
dirent que ces gens faisaient tout ensemble le
métier de pirates et celui de marchands.

« Bref, nous sortîmes de notre trou et nous
demeurâmes sur le pont jusqu'au soir. Quatre
barques étaient préparées pour venir la nuit
close nous prendre avec notre cargaison. Nous
les attendions lorsque nous reçumes l'ordre de
descendre dans notre chambre où l'on nous en-
ferma hermétiquement jusqu'après minuit.

« Le pauvre Père espagnol qui est asthmati-
que souffrait considérablement et croyait que
le manque d'air allait le faire étouffer. Nous
agitions bien notre éventail, mais ce moyen de
le secourir était insuffisant. Nous n'avions la
permission ni de tousser, ni de cracher. Vou-

lez-vous en savoir la cause ? Notre capitaine était fortement soupçonné de détenir à son bord des personnes ou des choses prohibées. Déjà le bruit en courait à La-Fou. Une dizaine de ses amis vinrent lui faire visite, lui adressèrent questions sur questions, descendirent dans sa cabine, fumèrent tabac et opium, burent, causèrent, déclarant qu'ils étaient résolus à passer la nuit sur le navire si le capitaine ne donnait une piastre à chacun d'eux. Le capitaine s'efforçait de leur répondre de son mieux : il désirait ardemment se délivrer de leur présence, mais craignant, s'il leur accordait ce qu'ils demandaient, que leurs soupçons se changeassent en certitude, il refusa constamment de leur distribuer de l'argent.

« Enfin, il leur dit que ses matelots extrêmement fatigués avaient besoin de repos et qu'il les conjurait au nom de leur vieille amitié de se retirer, leur promettant que dès qu'il serait à terre, il leur payerait ce qu'ils voudraient : c'est ainsi qu'il put congédier ces hôtes importuns.

« Nos chrétiens qui étaient déjà venus à notre rencontre avaient été obligés de se retirer : ils se tenaient dans le lointain, guettant le départ des singuliers amis du capitaine, pour venir nous recevoir. Nous nous embarquâmes

sur le premier bateau qui parut et nous nous
couchâmes tout de notre long, au fond de
l'embarcation. On couvrit le bateau de tous
côtés et l'on se mit en marche.

« Nous avions quatre bons rameurs qui de-
vaient nous conduire promptement dans la maison du prêtre annamite arrivé depuis cinq jours
pour administrer la chrétienté de La-Fou. Mais,
par aventure, la marée était basse et le fleuve
qu'il fallait remonter n'avait pas assez de profondeur pour nous donner un libre passage. De
plus, nos chrétiens ne connaissaient pas très
bien ce cours d'eau, ils ne trouvaient pas du
premier coup l'endroit le plus profond. Nous
demeurions sur le sable, nos gens sautaient à
l'eau et allaient de côté et d'autre à la recher-
che d'un passage. Lorsqu'ils en avaient découvert un, ils revenaient en toute hâte, prenaient
la barque par les bords et la conduisaient en
marchant dans l'eau.

« Maintes fois, nous avons sillonné le sable
et les graviers, souvent même il a fallu rebrousser chemin. Paul était avec nous, il en-
courageait nos bateliers et souvent travaillait
avec eux. Une fois, nos gens furent vaincus
par la difficulté, il n'y avait qu'un étroit passage et une barre de petits cailloux traversait la
rivière. Je diminuai un peu le poids de la bar-

que en me mettant à l'eau, nous réunîmes nos efforts pour la soulever un peu en la traînant. L'ouvrage fut terminé avant que le Père espagnol qui se préparait à travailler avec nous eût eu le temps de se mettre à l'eau. Nous craignions beaucoup de ne pouvoir parvenir à débarquer sans être vus. Les deux bords de la rivière sont déserts et couverts de petits arbres où nous aurions pu nous cacher, mais non sans danger.

« Paul eut de la constance, il fit travailler nos gens jusqu'à la fin : la marée remonta peu à peu et à six heures et demie du matin nous grimpâmes à terre. Il fallut traverser à pied quelques rizières pour arriver à une demeure solitaire où nous fûmes reçus par le curé dominicain annamite et le catéchiste qui nous avaient précédés. Ce pauvre catéchiste, Joseph Kien, avait couru toute la nuit, il était allé la veille chez le curé, était revenu le soir pour nous prendre et, à cause des gens mal intentionnés qui étaient à notre bord n'avait pas pu communiquer avec nous. De là, il était retourné prévenir le vieux mandarin dont je vous parlerai bientôt, et le capitaine du port pour savoir quel parti prendre.

« Les trois barques qui portaient nos bagages nous parvinrent dans la nuit du lundi au mardi. Tout fut heureusement débarqué, et mis en lieu sûr. La divine Providence qui nous a conservés sains et saufs nous fera, je l'espère, parvenir au terme de notre voyage. Notre navigation a été très heureuse, nous n'avons qu'à nous louer des gens de la barque qui nous ont conduits. Le catéchiste de la mission espagnole faisait notre cuisine ; Paul, ayant le mal de mer, ne pouvait se tenir debout pendant dix minutes ; l'autre courrier ne faisait rien, mais à notre arrivée, il a su se rendre utile.

« Le capitaine a été très fidèle ; il compte faire ainsi trois ou quatre voyages par an ; il pourra donc vous être utile. M. Marette m'avait dit de l'engager à venir de temps à autre à un port du Tonkin plus rapproché de notre mission. La chose n'est pas possible. Sa barque est petite et n'a pas les conditions requises pour entrer dans les ports du Tonkin : il faut pour cela des barques de Canton et la sienne est une ancienne embarcation de pirates.

« Nos lettres à destination du Tonkin n'ont pu partir d'ici que huit jours après notre arrivée, parce que le courrier qui les a portées n'a trouvé de barques qu'à cette époque et qu'il est impossible d'aller par terre faute de chemins.

« Dès que Mgr le Vicaire apostolique ou le provicaire de la mission orientale ont su notre arrivée, ils ont dû envoyer une barque pour nous prendre ici : elle arrivera dans quelques jours s'il ne survient pas d'accidents.

« Je vous ai donné plus de détails que je ne me le proposais tout d'abord, et j'aurais presque raison de signer comme mon compatriote, M. Régereau, *scriba velox*, mais quand on écrit à un procureur, *abundantia non nocet*. »

Quelques jours plus tard, l'abbé Taillandier ajouta à ce long rapport les détails suivants : « Nous sommes encore ici, et nous attendons de jour en jour la barque qui doit venir nous prendre. Il nous a fallu changer de gîte parce que les chrétiens qui nous logeaient, étant sur un lieu de passage concevaient quelques craintes à notre sujet. C'est le vieux mandarin Pierre Ieu qui maintenant nous donne l'hospitalité. Paul l'a questionné sur la route du Yun-Nam, et nous possédons maintenant des données satisfaisantes.

« Ce vieux mandarin, qui connaissait déjà une bonne partie de la route, s'est informé auprès de plusieurs individus ayant accompli ce voyage, et, d'après les renseignements ainsi recueillis, il a lui-même écrit l'itinéraire. Je vous l'envoie avec quelques explications. Vous pouvez constater que la route n'est ni longue ni difficile. Dans l'espace de sept jours, on arrive à

Luns-Cheu, ville considérable du Yun-Nam qui
se trouve aux confins de cette province et du
Kiam-Si. A Luns-Cheu, il y a des gens des différents points de la province ; ils y arrivent par
un fleuve qui doit traverser une partie du Yun-
Nam et peut-être cette province tout entière.
Les courriers du Sut-Chuen peuvent donc facilement venir à Luns-Cheu. . . . .

« Vous me dispenserez de vous donner de
plus longs détails sur les renseignements du
vieux Ieu. Je vous laisse le soin de traduire ses
notes. Ses indications me paraissent très sûres
et ce qui me rend plus certain encore de la facilité de les mettre en pratique, c'est que ce mandarin s'est proposé pour conduire lui-même
jusqu'au Yun-Nam, le premier missionnaire
que vous voudrez y envoyer.

« Je suis convaincu qu'il parle sincèrement.
Si quelque circonstance l'empêchait de tenir
sa parole, il donnerait à nos courriers pour les
accompagner dans la route quelqu'un l'ayant
déjà faite plusieurs fois. C'est lui-même qui au
fort de la persécution a conduit au Tonkin
oriental le Père Marty. Les Pères espagnols
lui écrivent tous les ans et lui envoient quelques cadeaux pour cultiver son amitié. Mgr de
Maxula devrait lui adresser ses courriers et lui
offrir quelques présents en le priant de nous

aider à faire passer les missionnaires au Yun-
Nam. Si vous lui écrivez, vous pourrez vous
servir du chinois ou de l'annamite en emplo-
yant pour cette dernière langue les caractères
européens. Dans sa jeunesse, il a suivi les Pères
espagnols qui lui ont ainsi appris l'annamite.
Je ne sais si M. Marette vous a beaucoup parlé
de ce mandarin : il a donné de lui au Père espagnol une bien triste idée et cela sans mauvaise intention dans le seul but d'être utile aux
missions. Je crois que M. Marette s'est trompé
dans ses appréciations, je vais vous en dire la
raison, vous priant de m'excuser si je suis forcé
d'entrer dans de longs détails.

« Depuis plus de trois cents ans, la famille
de ce mandarin alterne dans le gouvernement
de La-Fou avec celle du petit courrier François que vous avez questionné sur la route du
Yun-Nam. Dans la famille de François, il y a
des païens jaloux de l'autorité, de l'influence et
de la fortune du vieux mandarin. Ces hommes
cherchent tous les moyens de le supplanter : à
force argent, ils ont présenté au grand mandarin de Canton deux accusations contre lui. Ieu
a pu en démontrer la fausseté. Dernièrement
encore, depuis le retour de François et avec
son assentiment, ils l'ont accusé d'avoir convo-
qué le peuple pour l'exciter à la révolte. Hier,

Ieu a écrit sa lettre de justification et dans quelques jours il doit se rendre auprès du grand mandarin qui le favorise et n'ajoute aucune foi aux calomnies de ses accusateurs. Dans la maison de François, se trouve un vieux catéchiste, son oncle, revenu de la mission orientale, qui se met aussi de la partie et qui essaye de diffamer Ieu auprès des chrétiens. Or, M. Marette, à son passage par La-Fou, habitait la maison de François. Il n'est donc pas étonnant qu'il ait été induit en erreur par ses hôtes et qu'il ait cru « qu'on devait se défier du vieux mandarin, qu'il voulait s'enrichir et faire construire sa maison aux dépens des missionnaires, qu'il était pauvre parce qu'il fumait l'opium, etc.. etc. »

« Nous qui le voyons, qui connaissons en partie les services qu'il a rendus aux missionnaires et qu'il est disposé à leur rendre par la suite, nous croyons que tous ces rapports sont calomnieux, qu'il est honnête homme, bon père de famille et meilleur chrétien que tous ses ennemis. Comme il est lettré et capable, il jouit de la considération des mandarins chinois et ne craint aucunement que ses accusateurs aient le dessus. S'il favorise notre sainte religion, c'est par conviction. L'autre famille, en partie païenne, ne se montre pas hostile, mais il se peut qu'elle agisse ainsi par politique pour conserver l'amitié du peuple dont la majorité est chrétienne. Ici, nous avons recours aux deux partis. Le vieux mandarin nous loge actuellement et François est chargé de nous procurer des vivres, du soin de nos effets, de plus il loge le prêtre annamite qui est actuellement à La-Fou. De cette manière, nous n'avons point à craindre que la jalousie de l'un ou de l'autre parti nous soit contraire.

« Tous les chrétiens et une grande partie des païens connaissent notre présence à La-Fou. Ce n'est pas notre faute, nous ne nous montrons à personne, c'est celle des gens initiés tout d'abord au secret. Cet inconvénient n'aura pas lieu pour les missionnaires à destination du Yun-Nam, ils pourront partir de La-Fou dès leur arrivée.

« Le vieux mandarin a cinquante-huit ans. Il a à sa charge une famille de treize personnes en comptant sa mère qui vit encore et qui est aveugle. Je le crois assez pauvre. Jamais il n'a fumé d'opium devant moi et personne ne m'a dit qu'il en fît usage. Son fils cadet est catéchiste au Tonkin oriental : l'aîné était à Macao l'année dernière avec les catéchistes des Espagnols. A la mort de son père, il lui succédera dans le mandarinat de La-Fou et je suis persuadé qu'il nous aidera de tout son pouvoir.

« La-Fou, vous le savez, est un pays pauvre. Le peuple est faible et timide ; les chrétiens n'oseraient recevoir chez eux un missionnaire s'ils n'avaient auparavant la permission du mandarin. Les lettrés sont bien rares, le vieillard est peut-être le seul qui parle passablement le cantonnais.

« On se sert ici d'un patois qui n'est ni le chinois ni l'annamite. Les Tonkinois résident à La-Fou en grand nombre, leur langue y est donc très connue.

« Si vous pouvez établir par La-Fou des relations avec le Yun-Nam, il sera nécessaire de posséder ici un homme sûr pour recevoir les courriers, leur procurer une demeure, dépêcher les lettres ou les porter lui-même au besoin, prendre soin de nos effets pour le Tonkin et le Yun-Nam et surtout pour recevoir les missionnaires à leur arrivée et faciliter leur départ pour les missions. Quoique les autorités locales nous soient favorables, il ne faut pourtant pas trop compter sur elles, il serait bien plus avantageux de tout faire par nous-mêmes, d'autant plus que les dispositions des mandarins à notre égard peuvent changer. . . . . .

« Un procureur annamite ou chinois nous serait donc utile à La-Fou, surtout pour la mission du Yun-Nam. Si Mgr Retord n'avait pas un trop grand besoin de Paul, je crois que personne ne conviendrait mieux que lui pour remplir cette charge. Il est fidèle, assez entendu dans les affaires, sait parler latin, chinois, annamite : il écrit même le chinois, il pourrait donc se faire comprendre de tout le monde. J'allais oublier sa qualité de grand maître de théologie qui lui donne beaucoup de considération auprès des chrétiens de La-Fou.

« Il sera bon que vous donniez aux courriers qui passeront par ici des instructions sur les dépenses qu'ils auront à faire. Les habitants de La-Fou étant très pauvres, il ne faut pas se montrer trop généreux avec eux, autrement, ils se figureraient que nos ressources sont considérables et chercheraient à s'enrichir à nos dépens. . . . .

« Le peuple ici vit presque uniquement de patates qu'il mange avec du riz cuit à l'eau et réduit à ce que vous appelez à Macao du *carri*.

« Nous nous portons bien, le Père Raymond et moi : nous étudions l'annamite sans trop nous fatiguer : *omnia tempus habent*.

« Jusqu'ici point de nouvelles du Tonkin : depuis la prise de MM. Berneux et Gally, les choses demeurent dans le *statu quo*. . . . . . »

L'abbé Taillandier dut attendre à La-Fou, jusqu'au 21 novembre, l'arrivée de la barque

qui devait le conduire au Tonkin avec le dominicain espagnol, le P. Raymond. La veille de
son départ, il écrivit aux procureurs de Macao :

« Demain matin, avant le lever du soleil, l'un
de nous dira la sainte messe pour supplier
Dieu de diriger heureusement le vaisseau qui
doit à travers mille dangers nous conduire à la
terre promise.

« Marie sous les auspices de qui nous nous
sommes mis en mer le jour du saint Rosaire
daignera nous continuer ses faveurs, car c'est
encore un des jours où l'Eglise l'honore spécialement que nous quitterons La-Fou. Tout
est disposé pour notre débarquement au Tonkin
et l'itinéraire est déjà tout tracé.

« Cette fois, nous partons sans bagages et
à l'apostolique. Nous ne portons qu'un bréviaire
pour deux, nos habits tonkinois et une petite
partie de l'argent que vous envoyez à Mgr Retord. Nous laissons ici 800 piastres avec tout le
reste de notre cargaison. Le catéchiste de la
mission orientale apportera toutes ces choses
avec lui lorsqu'il reviendra au Tonkin... »

CHAPITRE VII

Arrivée de l'abbé Taillandier au Tonkin occidental. — Les
« Amantes de la Croix. » — L'abbé Taillandier nommé
dans le district de Xü-Nghé. — Thieou-Tri. — Délivrance
des missionnaires prisonniers.

L'abbé Taillandier arriva au Tonkin occidental le 5 décembre 1841. Nous ne possédons aucune relation de son voyage de La-Fou au Tonkin, nous ignorons même le lieu de sa première résidence.

Nous savons seulement que notre missionnaire fut d'abord adjoint à un autre prêtre de sa congrégation, M. Gauthier, et que tous deux habitaient chez des religieuses.

Ces religieuses, connues sous le nom d'*Amantes de la Croix*, furent instituées en 1670 par Mgr de La Motte-Lambert, évêque de Béryte. Mgr Retord, évêque d'Acanthe, a plusieurs fois, dans des lettres publiées par les Annales, donné d'intéressants détails sur ces religieuses tonkinoises. Voici, en particulier ce que nous lisons dans le tome IX de ce recueil :

« Ces religieuses n'observent pas la clôture.

même dans les temps où la religion n'est pas persécutée. Elles gagnent leur pain à la sueur de leur front, travaillant la terre du matin au soir, ou bien faisant le commerce le panier sur le dos. Malgré ces rudes travaux, la plupart peuvent à peine se procurer un peu de riz pour s'empêcher de mourir de faim. Elles ne font que deux mauvais repas par jour, et outre les jeûnes d'obligation, elles en observent un autre tous les vendredis et tous les samedis. Toutes les semaines elles se donnent deux fois la discipline et tous les jours en carême; elles récitent des prières fort longues le matin et le soir, et les jours de dimanche elles étudient les caractères annamites afin de pouvoir lire les livres de religion.

« Leur costume n'est pas différent de celui des autres femmes du pays. Ces bonnes chrétiennes rendent d'importants services aux missionnaires, surtout dans les temps de persécution. Ce sont elles qui se chargent de leurs lettres, font la plupart de leurs commissions et leur portent des provisions dans les endroits où ils sont obligés de se cacher. Dans les moments de trouble, lorsque les hommes n'osent presque pas sortir, de peur d'être arrêtés à tout instant, les femmes peuvent aller partout, sans qu'on fasse attention à elles : car il y a peine de mort contre celui qui s'aviserait de fouiller une femme. »

Nos deux missionnaires occupaient chez ces religieuses une très modeste chambre où toute la journée ils demeuraient enfermés, ne parlant qu'à voix basse et visités par les rares personnes attachées à leur service. Tout leur ministère se réduisait à instruire quelques élèves, à diriger les prêtres indigènes et, par ces derniers, à réconforter les chrétiens et à les empêcher de se livrer au désespoir.

La situation de la mission du Tonkin était en effet des plus précaires. Le roi Thieou-Tri avait demandé l'investiture de la cour de Chine et, en la recevant, il lui avait été ordonné de rechercher les chrétiens et de punir quiconque s'efforcerait de propager leur doctrine. Afin de s'acquitter de cette tâche, il transmit des ordres aux mandarins des provinces qui se firent un devoir de poursuivre les chrétiens jusque dans leurs asiles les plus secrets.

A l'occasion de son avènement, Thieou-Tri publia une amnistie générale pour tous les prisonniers, mais les chrétiens détenus pour la foi ne participèrent point à cette grâce : c'est ainsi que les deux vénérables confesseurs MM. Berneux et Galy étaient toujours captifs dans les prisons de Hué.

Le danger ne faisait, du reste, qu'enflammer le zèle des missionnaires. MM. Duclos et Chamaison débarquèrent en Cochinchine le 19 juin. Les vicaires apostoliques craignant d'être emprisonnés et mis à mort sans laisser de successeurs avaient tous demandé des coadjuteurs. Le 29 juin, Mgr Hermozilla, évêque de Milet, vicaire apostolique du Tonkin oriental, sacra Mgr Ximeno, évêque de Rups. Mgr Quenot, en Cochinchine, donna l'onction épiscopale à Mgr Lefèvre sous le titre d'évêque d'Ysauropolis. La persécution pouvait donc sévir : la foi du Christ ne manquerait ni de défenseurs ni d'apôtres.

L'abbé Taillandier demeura pendant six semaines en compagnie de M. Gauthier, chez les religieuses tonkinoises. Nos deux missionnaires se rendirent ensuite dans les montagnes à la résidence de M. Jeantet. C'est là que Mgr Retord s'était réfugié après l'arrestation de MM. Berneux et Galy. M. Gauthier avait été nommé coadjuteur de Mgr Retord, sous le titre d'évêque d'Emmaüs, mais il n'avait pas encore reçu la consécration épiscopale. Aussi, après quelques jours accordés au repos, tous nos missionnaires entrèrent en retraite, et, le jour de clôture, Mgr Retord sacra Mgr Gauthier. M. Jeantet tenait la place du premier évêque assistant et M. Taillandier remplaçait le second. Cette cérémonie se fit le dimanche de la Quinquagésime (1842). Mgr Gauthier retourna quel-

ques jours après dans son district : Mgr Retord et l'abbé Taillandier se rendirent au bord
de la mer, dans le district de Xü-Nghé, sur la
frontière de la Cochinchine.

Chemin faisant, les deux missionnaires exer-
cèrent un ministère aussi abondant que consolant. Dans un seul village, Mgr Retord enten-
dit plus de six cents confessions et administra
le sacrement de confirmation à près de deux
cents chrétiens.

La province de Xü-Nghé était alors desser-
vie par M. Masson, pro-vicaire apostolique.
M. Berneux avait été désigné pour venir en
aide à ce missionnaire, et c'est en se rendant
auprès de lui qu'il avait été arrrété.

M. Taillandier fut choisi par ses supérieurs
pour remplacer son vénérable compatriote. « Ce
cher confrère, écrit-il à son oncle le 28 juillet
1842, est allé prendre ma place en prison et moi je
vais occuper la sienne. Ici, nous sommes à peu
près en paix, nous pouvons circuler de côté
et d'autre sans crainte d'être renvoyés par des
chrétiens timides. Le sang des martyrs commence à fructifier. M. Masson va recueillir
dans cette mission une abondante moisson. À la
fin de l'année, il aura administré le baptême à
plus de cinquante adultes et, si l'on compte les
retours de chrétiens qui ne l'étaient plus que

de nom, n'ayant pas vu de prêtres depuis plus de dix ans et redevenus en tout semblables à des païens, le nombre des brebis ramenées au bercail par ce digne confrère et ses catéchistes s'élèvera à plus de trois cents. »

Les missionnaires au Tonkin, qui avaient beaucoup espéré dans l'avènement au trône du roi Thieou-Tri, voyaient leurs saintes illusions se dissiper chaque jour davantage. Depuis l'arrestation de MM. Berneux et Galy, un autre missionnaire, M. Charrier, vint partager leurs chaînes. Tous les trois, condamnés à mort, attendaient avec une héroïque impatience le moment de leur exécution.

A la fin du mois de mai 1842, MM. Miche et Duclos, missionnaires en Cochinchine, furent emprisonnés avec ces trois saints confesseurs de la foi :

« Ces deux confrères, raconte M. Taillandier, ont été saisis à six jours de marche en dehors des frontières du royaume d'Annam, par les soldats de Thieou-Tri. Les mandarins ayant appris que MM. Miche et Duclos étaient entrés dans un petit royaume indépendant, près du Laos, avec l'intention d'y prêcher l'Evangile, envoyèrent des satellites à leur poursuite. Ceux-ci les arrêtèrent et leur firent endurer des tourments et des affronts de tout genre. Ils les conduisirent à Hué : Thieou-Tri les fit interroger pour les pousser à l'apostasie. Avant de répondre aux questions des mandarins, les missionnaires, demandant la parole, protestèrent hautement contre la violation du droit des gens et l'injure faite au roi des Français en arrêtant ses sujets dans un royaume complètement en dehors de la domination du roi d'Annam.

« Après cette protestation, les missionnaires furent reconduits en prison et nous ne savons ce que le roi décidera à leur égard. Les mandarins redoutent beaucoup les conséquences que pourrait avoir pour leur pays une sentence trop sévère contre les missionnaires.

« Il est possible que ces Messieurs soient renvoyés à Singapor. Si cela avait lieu, nos trois confrères condamnés à mort, MM. Berneux, Galy et Charrier auraient peut-être le même sort. Mais toutes nos hypothèses sont peu fondées, car personne ne peut prévoir ce que Thieou-Tri ordonnera dans ses moments de caprice, de fureur ou d'ivresse. C'est cette dernière circonstance qui se répète le plus souvent. »

À la fin de sa lettre, M. Taillandier annonce l'arrestation de son courrier Paul, dont nous avons longuement parlé lors du voyage de notre missionnaire au Tonkin. Dès que ce fervent chrétien fut arrêté, Mgr Gauthier et M. Jeantet chargèrent plusieurs personnes de confiance d'arranger cette affaire avant que Paul ne fût conduit devant les mandarins. Cette démarche fut inutile et le pauvre catéchiste fut condamné, en 1844, à rester en prison jusqu'à sa mort.

M. Taillandier passa le reste de l'année 1842 et la plus grande partie de la suivante dans la compagnie de Mgr Retord.

La persécution s'annonçait alors comme devant être moins violente et, dans une lettre du 5 avril 1843, adressée à son oncle, notre missionnaire raconte un fait des plus significatifs à ce sujet :

« Il y a environ deux mois, un de nos prêtres fut arrêté et conduit à la capitale de la province. On lui mit la chaîne au cou et il eut à subir le supplice de la cangue. A chaque instant, on redoutait de voir arriver pour lui une sentence de mort. et voilà qu'au bout d'une dizaine de jours le grand mandarin le fit pompeusement reconduire chez lui et le rendit à la liberté. Sans un ordre formel du roi aucun mandarin n'eût osé agir de la sorte. Ce fait est d'autant plus remarquable que ce prêtre a confessé clairement qu'il est maître de religion et qu'il a refusé de fouler la Croix aux pieds. Nous avons donc quelque sujet d'espérer un peu de paix ; mais, d'un autre côté Thieou-Tri ne veut pas rendre la liberté à nos autres prisonniers. Leur cause est cependant la même que celle du prêtre dont je viens de vous entretenir. Cette énigme est absolument inexplicable. . . . . »

Le Tonkin était alors ravagé par une maladie épidémique et par une atroce famine. La contagion faisait périr des milliers d'individus. Dans certains villages de cinq à six cents âmes, il mourut au moins cent cinquante personnes dans l'espace de six mois. Les païens surtout étaient les victimes de ce fléau ; les chrétiens atteints par la maladie guérissaient presque tous. Ce fait, signalé dans plusieurs lettres par M. Taillandier, nous paraît une marque spéciale de la protection du Ciel à l'égard des chrétiens annamites.

La famine vint se joindre à la contagion pour désoler ce malheureux pays. La moisson manqua deux années de suite et, au mois de septembre 1843, un épouvantable ouragan acheva de ruiner tout ce qui pouvait rester. Les maisons furent renversées, les arbres déracinés. La mer rompit ses bornes, envahit le pays.

Mgr Retord faillit être englouti sous les ruines de sa maison. M. Taillandier dut changer quatre fois de domicile dans l'espace de deux heures. Il lui fallut, à la fin, rester exposé au vent et à la pluie, dans la crainte d'être enseveli vivant sous les ruines.

Les missionnaires avaient cependant alors de grandes consolations spirituelles. Les païens se convertissaient en foule et les chrétiens se montraient de plus en plus fervents.

Ajoutons à cela la délivrance des cinq missionnaires emprisonnés à Hué, MM. Berneux, Galy, Charrier, Miche et Duclos qui furent rendus à la liberté dans les circonstances suivantes :

Ces confesseurs de la foi étaient condamnés à mort, ils attendaient le jour de leur exécution, lorsque, le 25 février 1843, la corvette française l'*Héroïne* vint mouiller dans le port de Tourane. Le commandant, M. Levêque, apprit la sentence portée contre ses compatriotes. Il adressa sur le champ une sommation au gouverneur de la place pour qu'il eût à demander au roi de lui livrer les prisonniers sains et saufs : et comme il vit que celui-ci refusait de transmettre cette réclamation, prétextant qu'elle lui vaudrait la peine de mort, il déclara qu'il se rendrait en vue de Hué avec sa corvette, à moins qu'on ne consentît à lui donner des guides pour l'y conduire. Cette démonstration de fermeté ne pouvait manquer d'avoir un plein succès : non-seulement la lettre parvint à Thieou-Tri, mais les prisonniers furent remis entre les mains de M. Levêque[1]. »

Dans la lettre[2] où l'abbé Taillandier parle à son oncle de la délivrance de M. Berneux, il lui annonce ainsi la mort de deux missionnaires originaires du diocèse du Mans :

« Vous avez dû apprendre le décès de M. Régereau : ayant été obligé d'entreprendre un voyage à Calcutta pour les affaires de la mission, il a fait naufrage en revenant à Poulo-Pinang. M. Bourgnouveau, autre missionnaire manceau, est mort de la fièvre chez les sauvages qu'il était allé évangéliser : ces deux morts ont eu lieu l'année dernière, priez pour le repos de l'âme de ces saints missionnaires. »

1. *Annales*, XXVII, p. 344.
2. 17 avril 1843.

CHAPITRE VIII

Persécution de Thieou-Tri ; sa mort. — Tu-Duck ; il persécute les chrétiens. — Martyre de M Bonnard. — L'abbé
Taillandier pro-vicaire apostolique. — Essais d'évangélisation dans le Laos. — Le supplice de la cangue ; délivrance. — Mort de l'abbé Taillandier.

Au commencement de l'année 1844, l'abbé
Taillandier se sépara de Mgr Retord et s'éloi-
gna à cinq ou six jours de marche de la résidence du vénéré prélat. Peu de temps après
cette séparation, notre missionnaire tomba gravement malade et, pendant deux longs mois,
il fut obligé de s'abstenir de tout ministère.
Lorsqu'il fut rétabli, il reprit ses courses apostoliques que le bon Dieu se plut à bénir d'une
façon vraiment merveilleuse. Du mois de janvier à la fin de mai 1744, M. Taillandier baptisa
plus de cent païens adultes.

La persécution était chaque jour moins violente. Le roi Thieou-Tri n'avait pas encore
révoqué les édits portés contre les chrétiens
par son père, mais la crainte de s'attirer des
représailles de la part des vaisseaux français

qui faisaient des croisières dans la mer du Tonkin, l'engageait vivement à se montrer de plus en plus pacifique.

Les mandarins se contentaient d'arrêter les prêtres indigènes, les laissant indéfiniment en prison sans leur procurer la gloire de verser leur sang pour la foi. Les prêtres européens restaient libres, et les mandarins qui connaissaient parfaitement leurs résidences les engageaient fortement à prendre de grandes précautions et à éviter tout tumulte.

De cette façon, notre sainte religion pouvait assez facilement gagner de nouveaux adeptes. M. Taillandier ne se contentait pas d'évangéliser les adultes, il s'occupait beaucoup des enfants. Une maladie pestilentielle décimait alors la population de l'Annam et faisait de très nombreux orphelins. Notre missionnaire achetait ces petits enfants à leurs parents qui ne demandaient qu'à se délivrer de cette charge. Le prix variait entre deux et cinq francs. L'abbé Taillandier gardait auprès de lui ceux qui avaient déjà l'usage de la raison et confiait les plus jeunes à des familles chrétiennes.

Les lettres de notre missionnaire, peu nombreuses à cette date, ne contiennent rien de remarquable à signaler.

En 1847, la mission de Mgr Retord fut divisée en deux par le Saint-Siège et M. Taillandier fut attaché au district confié à Mgr Gauthier, évêque d'Emmaüs.

Le roi Thieou-Tri, abandonnant tout d'un coup sa politique de prudence, publia au commencement de cette année son premier édit de persécution. Cet ordre bouleversa toutes les chrétientés de la Cochinchine : « Ici, écrit notre missionnaire à M. Libois, procureur à Macao [1], on abat quelques églises par précaution, mais je crois que les mandarins ne se presseront pas de faire exécuter l'édit du roi. Ils pensent que les choses ne dureront pas et que les navires français reviendront. Aussi le roi fait, dit-on, force préparatifs pour les recevoir comme autrefois les Chinois pour recevoir les Anglais. Si les Français étaient maîtres du royaume, les Annamites se convertiraient en masse. Mais, comme dit Mgr d'Emmaüs, la proie est trop belle pour la France. C'est bon pour les Anglais ou les Américains. Ici on pourrait trouver du bois de première qualité et en abondance, du cuivre, du charbon de terre, de la laque, de la cannelle, du sucre, du coton ; on pourrait sur les montagnes faire d'immenses plantations de thé, de café, de poivre, cultiver

____

1. 29 mai 1847.

même le froment, puis il y a, sans doute, des mines d'or et d'argent qui n'ont pas encore été explorées. Il serait facile de s'étendre jusqu'au Laos, au-delà du fleuve Mé-Kong, pays nouveau et sans doute très fertile. Mais les Français aimeront mieux s'emparer de quelque île déserte ou de quelques rochers stériles et y dépenser des millions que de venir ici pour y trouver un fonds inépuisable de richesses. Nous verrons si nous vivons. . . . . »

La question des colonies est trop à l'ordre du jour actuellement pour que nous cherchions à défendre les opinions de notre missionnaire sur l'Annam et le Tonkin.

Ces beaux pays seraient certainement une source de richesses pour la France si on se préoccupait tout d'abord de les civiliser ou en d'autres termes de les évangéliser. Au Tonkin, nos missionnaires, protégés par notre drapeau, feraient plus dans un mois pour la pacification du territoire que nos soldats malgré leur héroïque bravoure pendant de longues années.

Nos colonies sont toutes de nos jours dans un état de marasme voisin de la ruine. La cause en est facile à déterminer. Au lieu d'hommes dévoués, sympathiques aux indigènes, la métropole n'envoie pour administrer nos possessions que des incapables qu'il faut récompenser de leur dévoûment ou des hommes de talent qu'il convient d'éloigner de la mère patrie, et que l'on institue gouverneurs ou résidents-généraux sans savoir s'ils ont le moindre goût ou la moindre aptitude pour exercer convenablement leurs fonctions. Des noms viennent sous notre plume, mais comme nous ne prétendons pas faire un cours de politique coloniale, nous nous abstiendrons de toute personnalité et nous reprendrons le récit de la vie de notre saint missionnaire.

Le roi Thieou-Tri tomba malade peu après la publication de son édit contre les chrétiens et, en dépit de tous les médecins et sorciers de son royaume, il rendit l'âme dans la nuit du 4 novembre 1847.

Ce prince n'avait guère fait preuve, pendant la durée de son règne, que d'une assez médiocre intelligence : la cruauté de cet infâme tyran des missionnaires n'avait pas été toutefois jusqu'à causer la mort d'un seul de ces Européens[1].

A la mort de Thieou-Tri, son second fils, Hoang-Nam, lui succéda avec le titre de Tu-Duk, au détriment de An-p'ong, son fils aîné. Ce dernier, toutefois, ne se résigna pas facilement à voir le sceptre qui lui était destiné pas-

---

1. E. Veuillot. *La Cochinchine et le Tonkin*, 11ᵉ édition, p. 33.

ser dans les mains de son plus jeune frère, et il espéra parvenir à le recouvrer en suscitant une rébellion dans l'empire. Afin de fortifier son parti, il résolut d'intéresser les chrétiens à sa cause, mais ses avances n'obtinrent point de succès et Mgr Pellerin, évêque de Biblos et vicaire apostolique de la Cochinchine septentrionale, lui transmit en leur nom cette simple réponse : « Les chrétiens ne détrônent pas les rois ; même dans les temps de persécution, ils sont toujours et partout des sujets fidèles, et vous apprendrez ce qu'est leur fidélité si vous régnez un jour[1]. » La tentative de An-p'ong échoua, et ce prince, condamné à être coupé en cent morceaux, fut jeté dans un cachot où il périt, dit-on, de mort violente après avoir obtenu la commutation de sa peine.

Aussitôt que le nouveau monarque eut été installé sur le trône, il lança un édit contre la propagation de la religion chrétienne dans ses états. La tête des missionnaires fut mise à prix et l'on promit 300 taëls à celui qui livrerait un Européen[2]. L'édit portait encore que tout missionnaire européen découvert dans

1. L'*Univers*, novembre 1859, 326ᵉ numéro.
2. Lettre de l'abbé Taillandier à ses parents, du 31 décembre 1848.

l'Annam devait être jeté à la mer avec une corde au cou.

Cet édit ne fut pas tout de suite mis à exécution ; mais bientôt les mandarins n'osèrent plus en atténuer la rigueur, un nouveau décret. en date du 30 mars 1851, ordonnant que quiconque cacherait chez soi un propagateur de la doctrine chrétienne serait « coupé par le milieu des reins et jeté dans le fleuve [1]. »

La première victime de ce nouveau décret fut un missionnaire de Lorraine, M. Schœffler. Il fut condamné à la peine de mort et tomba sous les coups d'un bourreau qui dut s'y reprendre à trois fois pour séparer la tête du tronc et fut obligé ensuite de scier avec son sabre les chairs qui tenaient encore. Ce martyre eut lieu le 1er mai 1851.

Le 21 mars de l'année suivante, M. Bonnard fut arrêté pendant qu'il baptisait des enfants indigènes à Bôi-Xouyen [2] (Tonkin occidental). Condamné à la peine de mort, il eut la chance de perdre la tête d'un seul coup de sabre. faveur que n'eurent pas tous les missionnaires qui subirent au Tonkin le dernier supplice.

1. E. Cortambert, *Tableau de la Cochinchine,* p, 226.

2. Lettre de M. Taillandier à son frère Victor, du 14 décembre 1852.

« Les mandarins avaient déployé pour cette circonstance un appareil extraordinaire d'éléphants. de chevaux et de soldats. On dit qu'il y avait au moins cinquante hommes armés de fusils. de piques et de sabres, sans compter beaucoup de mandarins avec leurs grands parasols jaunes, verts ou bleus.

« Mais qu'a-t-on fait de son corps ? Nous pensions qu'il serait enterré sur le lieu même du supplice (comme le fut celui de M. Schœffler), et que la tête seule serait jetée à l'eau. Déjà nous avions pris nos mesures pour enlever les reliques : nos prévisions furent trompées. Aussitôt après l'exécution, les mandarins firent piocher la terre rougie du sang du vénérable martyr, pour empêcher les chrétiens de le recueillir, et son corps ainsi que sa tête furent déposés dans une grande barque montée par une compagnie de soldats. Une autre barque reçut le grand mandarin avec plusieurs satellites armés. Ils avaient des vivres pour trois jours. Ils mettent à la voile, font jouer leurs rames, et les voilà partis, descendant le fleuve comme pour une expédition importante et lointaine. Mais un canot de chrétiens, dans lequel étaient un diacre et deux de nos catéchistes, voguait à distance devant eux pour les observer.

« Sur le soir, plusieurs barques de pêcheurs

qui stationnaient aux environs de notre communauté furent dirigées par nous vers la mer. A huit ou neuf heures, le ciel s'assombrit et la pluie commença à tomber. Les mandarins avec leurs barques étaient arrivés un peu au-dessous de Tam-Toa : là, ils s'arrêtèrent, et, après avoir fait quelques observations qu'on ne pouvait pas voir, mais qu'on devinait bien, ils remirent à la voile pour remonter le fleuve et s'en retourner.

« Le lieu avait été remarqué par les chrétiens du canot. Bientôt arrivent les barques de pêcheurs. Un jeune homme plonge à vingt-cinq pieds de profondeur et descend droit sur le corps de notre saint martyr, dont il touche les pieds et les mains, puis il revient triomphant sur l'eau en disant : Je l'ai trouvé !

« Les mandarins avaient attaché au cou de M. Bonnard une énorme pierre à piler du riz, et, pour sa tête, après l'avoir mise dans un petit sac, ils la lui avaient fixée sous le bras. Une fois découvert, le pieux trésor fut promptement retiré de l'abîme. Il était une heure après minuit quand nos pêcheurs arrivèrent, avec ce précieux fardeau, à la porte de notre communauté. Sur le champ, on revêtit le corps de tous les ornements sacerdotaux, et on le déposa, la face découverte, dans un très beau cercueil donné par une famille chrétienne. Il resta ainsi exposé, entouré de flambeaux, au milieu de l'église de notre collège jusqu'au soir du lendemain : nous l'enterrâmes alors avec toutes les cérémonies du rituel [1].

« Aussitôt après le martyre de ce cher confrère, le choléra morbus reparut dans la ville et dans la province de Bôi-Xouyen. Les victimes furent nombreuses. Les païens étaient furieux contre le roi et les mandarins, tous s'accordant à dire que c'était une punition du Ciel pour la mort de cet innocent [2]. »

Notre missionnaire pendant cette persécution travaillait sans relâche à la conversion des païens : il désirait ardemment le martyre et s'exposait avec une sainte témérité aux recherches des satellites des mandarins. En 1853, Mgr Gauthier, évêque d'Emmaüs, le nomma son provicaire et lui confia un nouveau district. . . . . .

« Aujourd'hui, écrit M. Taillandier à M. Libois, le 8 décembre 1853, je me trouve comme les sept ou huit premières années de mon ministère, sans maison, sans poste fixe. L'an-

1. Lettre de Mgr Retord, du 5 mai 1852. *Annales*, t. XXV, p. 75.

2. Lettre de M. Taillandier à son frère Victor, du 14 décembre 1852.

cienne province de Ha-Tinh qui vient d'être réunie à celle de Xu-Nghe, renferme au moins 25,000 chrétiens, répartis en neuf paroisses qui sont desservies par quinze prêtres indigènes. Je puis sans beaucoup de difficultés aller les visiter successivement, m'arrêtant comme font ordinairement les Européens dans les chrétientés les plus considérables et les moins exposées à la haine des païens. Tous les chrétiens répandus dans le voisinage ont un libre accès auprès de nous. . . . .

« Les missionnaires de la moyenne et de la basse Cochinchine poussent fort la conversion des sauvages qui avoisinent le Laos. Ils doivent être là-haut huit ou neuf Européens sans compter les prêtres annamites et leurs servants. Ces sauvages, d'après ce que m'écrit M. Fontaine, sont de très braves gens et n'ont pour devenir bons chrétiens presque rien à changer dans leur conduite quand ils y auront ajouté les commandements de précepte. Déjà un certain nombre sont baptisés et un plus grand nombre sont catéchumènes. On dit que Mgr Quénot veut établir chez eux le collège de sa mission. Dernièrement j'ai aussi fait un essai en envoyant un clerc et un catéchiste chez les sauvages de nos parages pour préparer les voies, je ne sais si le Seigneur bénira mon entreprise . . . . »

Le Laos, que l'abbé Taillandier essaya de convertir, est une contrée encore peu connue. Elle est fort étendue et répartie entre trois puissances : l'Annam, le Siam et la Birmanie.

Le Laos annamite dont il est ici question est traversé du nord au sud par le Mé-Kong, et renfermé en grande partie entre la chaîne de montagnes des Moï et celle qui borne le Siam à l'est. Suivant l'évêque Pallegoix, les habitants du Laos sont paisibles, soumis, patients, sobres, confiants, crédules, superstitieux, fidèles, simples et naïfs.

Autrefois le vol était inconnu parmi eux, aujourd'hui il se permettent quelquefois de s'approprier le bien d'autrui sans grand scrupule ; leur paresse invétérée engendre ce déplorable penchant. Les femmes montrent plus d'activité que les hommes [1].

Nous laisserons notre missionnaire faire le récit de ces essais d'évangélisation du Laos. Voici ce que nous lisons dans une lettre adressée par lui le 8 décembre 1854 à M. Libois : « Vous avez déjà appris, sans doute, la mort du cher M. Collombet. Nous étions partis tous les deux pour tâcher de pénétrer chez les populations laociennes qui sont de l'autre côté des

---

1. *Tableau de la Cochinchine*, p. 48.

montagnes dont nous sommes bornés à l'ouest. Déjà nous avions fait six jours de route et nous marchions depuis cinq jours au milieu de vastes forêts peuplées de rares villages habités par des sauvages. Le mandarin de la plaine auprès duquel nous avions passé envoya des satellites à notre poursuite et quand nous nous croyions hors de tout danger de la part des Annamites, nous fûmes cernés par une cinquantaine de gens armés de bâtons, portant des liens pour nous garrotter et des cangues pour nous mettre sur les épaules. Il fallut se soumettre et rebrousser chemin.

« Nous gravissions péniblement les montagnes avec ce fardeau inaccoutumé par une chaleur étouffante pendant la semaine de la Passion et la Semaine-Sainte. Ce ne fut qu'au bout de huit jours d'une marche des plus pénibles pour la nature que nous parvînmes à l'habitation du mandarin. Nous étions encouragés dans nos peines par l'espoir qu'un prochain martyre couronnerait ce long calvaire. Mais nos espérances s'évanouirent tout d'un coup.

« Un prêtre indigène qui se trouvait avec nous put s'échapper et par une marche forcée regagner la plaine et faire savoir notre arrestation à Mgr d'Emmaüs. Sa Grandeur

expédia immédiatement au mandarin un diacre entendu dans les affaires, pour lui pro-
poser un accommodement. Le mandarin avait
déjà reçu pour notre rançon trente-trois barres
d'argent quand nous arrivâmes chez lui. Au
lieu de nous conduire devant lui, on attendit la
nuit, on nous enleva nos cangues et nous fûmes
remis à une trentaine de braves chrétiens que
M. Barlier avait envoyés à notre rencontre.

« Ces chrétiens nous portèrent en un filet,
au pas de course, pendant toute la nuit et le
matin vers huit heures nous arrivâmes triom-
phalement au collège. On tua le cochon gras et
l'on donna un buffle au village pour faire un repas de réjouissance.

« Cependant M. Collombet épuisé par la
fatigue, les privations, l'air empesté des montagnes et les eaux malsaines que nous buvions,
était travaillé depuis trois jours par une fièvre terrible qui le consumait. Arrivé chez
M. Barlier, il éprouva un mieux passager,
mais bientôt le mal reprit plus de force qu'auparavant et malgré les remèdes et les soins
qu'on lui prodigua, il finit par nous échapper
après dix-huit jours de maladie. J'eus pour ma
part trois petites fièvres, mais tous les hommes
de notre caravane au nombre de huit ou neuf
furent plus ou moins gravement malades. Je ne

sais si plus tard nous pourrons équiper une
autre expédition. La persécution et l'air mal-
sain des montagnes, voilà les deux grands em-
pêchements qui retardent indéfiniment l'appel
de ces Laociens à la connaissance de l'Évangile. »

Ce premier échec ne découragea pas notre
saint missionnaire. L'année suivante il essaya
de nouveau de pénétrer dans ce pays du Laos.

C'est dans une lettre adressée à son oncle en
date du 4 avril 1856 que nous trouvons le détail de cette entreprise. Cette missive est la dernière envoyée en Europe par M. Taillandier.
Nous la reproduirons presque entièrement :
« Ce n'est plus de la plaine, mon très cher oncle, que je vous écris aujourd'hui. Il y a un
mois et demi que je suis au milieu des sauvages, à huit ou dix jours de la communauté. J'ai
remonté le Mé-Kong, le voyage n'a pas été
sans danger, mais grâce à la divine Providence
je suis arrivé à bon port. Je m'occupe à l'étude
de la langue des sauvages. Quoique différente
de l'annamite, elle est absolument semblable
pour la construction des phrases et même pour
un certain nombre de mots.

« . . . . . Il y a quatorze ans que je désire
aller au Laos. Dans le principe, mes supérieurs
jugèrent que la persécution rendait le voyage

trop périlleux. J'ai attendu avec patience pendant plus de dix ans, me contentant de prier Dieu d'avoir pitié de ces pauvres peuples et de leur envoyer quelqu'un qui leur annonçât la bonne nouvelle.

« Enfin, après avoir envoyé des explorateurs, nous sommes partis deux fois, M. Collombet et moi, et deux fois nous avons été obligés de battre en retraite. Mon compagnon de voyage est mort à peu près martyr et je tente de nouveau cette entreprise périlleuse confiant dans le secours de la divine Providence. . . . . .

« Mes cheveux commencent à blanchir et cependant j'ai encore à traverser d'immenses forêts pour trouver une nouvelle patrie. Le climat, les usages, tout est nouveau.

« Si je succombe à mon entreprise, si je meurs sans être assisté à ma dernière heure, ô mon Dieu, c'est pour vous que je parcours les fleuves et les montagnes, vous ne m'abandonnerez pas ; et vous, ô Marie, ma bonne Mère, vous ne cesserez de veiller sur moi, vous m'obtiendrez, j'en ai la douce confiance, la grâce d'une bonne et sainte mort. . . . . . »

Cette lettre, empreinte de tant de courage apostolique et d'une si sainte résignation à la volonté de Dieu ne précéda que de quelques semaines la mort de notre saint missionnaire.

Ce fut Mgr Gauthier lui-même qui annonça ce pénible évènement à M. le curé de la Trinité, oncle de M. Taillandier.

« Quoique je n'aie pas l'honneur de vous connaître, lui écrivait-il le 21 décembre 1856, je viens vous donner quelques détails sur la mort de votre bon neveu, M. Taillandier, mon provicaire. Ce cher confrère m'écrivait, le 22 avril dernier : « Mes gens sont en bonne voie de guérison, moi-même j'ai eu quelques accès de fièvre légers dont je suis maintenant guéri. » Son espoir que ses efforts seraient couronnés de succès s'affermissait de jour en jour, mais le bon Dieu en avait disposé autrement. Le matin du 2 ou 3 mai, en sortant pour sa promenade habituelle, M. Taillandier s'affaissa tout à coup sur lui-même. Ses gens accourent, le relèvent et l'aident à gagner son lit. Quelques instants après, la fièvre typhoïde se déclare, il perd la connaissance qu'il recouvre sur le soir, l'accès ayant cessé. Pendant la nuit qui se passe assez bien, il se fait préparer plusieurs fois des clairs de riz qu'il trouve excellents. Le matin, il donne ses ordres accoutumés, entretient conversation avec ses gens, puis l'accès le reprend. Il perd de nouveau la connaissance qu'il n'a plus recouvrée. Ce second accès a duré trois jours et trois nuits. On avait envoyé chercher un prêtre habile médecin qui se trouvait dans le voisinage, mais lorsqu'il est arrivé, notre bien-aimé confrère venait de rendre sa belle âme à son Créateur. C'était le jeudi 8 mai, jour de l'octave de l'Ascension.

« Un autre prêtre est venu bientôt se joindre à celui dont je viens de vous parler. Le corps, revêtu des ornements sacerdotaux et placé dans un beau cercueil suivant l'usage du pays, a été porté en terre le saint jour de la Pentecôte par des chrétiens et accompagné par des païens qui ont paru vivement affectés de la perte de notre cher confrère.

« Plusieurs services solennels ont été célébrés pour le repos de son âme qui, comme j'en ai la confiance, est déjà en possession du bonheur éternel et intercède auprès de Dieu pour ses pauvres et chers sauvages. . . . . . »

† Jean D.

Evéque d'Emmaüs, vicaire apostolique
du Tonkin méridional.

ÉPILOGUE

Telles furent la vie et la mort de l'abbé Louis Taillandier.

Avant d'entreprendre le récit de cette existence toute apostolique, nous avons consulté de nombreux parents, prêtres, amis, compatriotes ou contemporains de notre missionnaire. Les uns nous prodiguèrent leurs aimables conseils, leurs renseignements précieux. Les autres — le nombre en est petit, hâtons-nous de le dire — cherchèrent à nous dissuader de notre entreprise.

Si notre chétif talent eût été seul en cause, nous eussions certainement écouté ces conseillers froids et peu encourageants. Mais il nous a semblé que l'honneur de notre clergé manceau était engagé à la publication de cette vie si simple aux yeux des hommes, si remplie au jugement de Dieu.

« Pourquoi, nous écrivait un ecclésiastique aussi vénérable par son âge que digne de notre respect par son rang élevé dans la hiérarchie diocésaine, pourquoi publier une vie de l'abbé Taillandier ?

« Ce fut un séminariste pieux, paisible, passant inaperçu au milieu de ses condisciples. On fut surpris de le voir se destiner aux missions, mais quand on apprit son départ du séminaire pour Paris, on se rappela toutes ses vertus et l'on se dit qu'il ferait certainement un saint missionnaire. De là à écrire sa vie il y a un abîme. Il faudra des *oh !* des *ah !* des épithètes majestueuses, ronflantes, pour relever un peu le récit d'actions toutes simples et fort ordinaires chez des missionnaires.

« Croyez-moi, laissez en paix les cendres de l'abbé Taillandier et ne nous donnez pas un de ces petits livres de piété si fades et si endormants qui encombrent de nos jours toutes les bibliothèques des personnes chrétiennes. »

Nos lecteurs jugeront si nous avons employé le moyen blâmé à si juste titre par le prêtre dont nous rapportons les paroles. Notre missionnaire nous a lui-même raconté sa vie dans ses lettres à ses parents, à ses amis. Il nous eût été facile de faire admirer à chaque page la tendre piété, l'abandon complet à la Providence de M. Taillandier.

Qu'on relise le récit de ses deux emprisonnements. Est-il possible de pousser plus loin le courage et l'humilité ! Pas un mot de louange.

pas la moindre vantardise. Notre missionnaire cache soigneusement ses souffrances, et sans les lettres de ses confrères, nous n'aurions eu qu'un récit bien incomplet de ces deux épisodes de sa vie.

L'abbé Louis Taillandier est une des belles figures de notre clergé manceau au XIXe siècle.

Sa mémoire sera toujours en vénération parmi nous, sa vie un modèle pour notre clergé et un sujet d'édification pour tous les fidèles.

FIN

TABLE

—

Pages

Chapitre I

Naissance de Louis Taillandier. — Sa famille.
— M. Houdbine, curé de Denazé. — La
famille Taillandier à Montjean. — Louis à
Cossé-le-Vivien et au collège de Château-
Gontier. — Sa vocation sacerdotale . . .   5

Chapitre II

Séjour au séminaire du Mans. — Eugène Taillandier. — Louis Taillandier, sous-diacre.
— Mort édifiante d'Eugène. — L'abbé Taillandier, diacre. — Vocation déterminée pour
les Missions. — Départ pour le séminaire
des Missions étrangères, à Paris. — Désirée
Taillandier, religieuse.   12

Chapitre III

Louis Taillandier au séminaire des Missions
Etrangères. — Sa piété. — Son énergie
morale. — Sa joie à la nouvelle de son prochain départ. — Lettres à sa famille à ce
sujet.   29

Chapitre IV

L'abbé Taillandier prêtre. — Son départ. —
Récit du voyage. — Baptême du Tropique.
Calcutta. — Singapor. — Manille. — Macao.
— Difficultés entre l'Angleterre et la Chine.
— L'abbé Taillandier est désigné pour la
mission du Sut-Chuen.   39

Chapitre V

Départ de l'abbé Taillandier pour le Sut-
Chuen. — Il est arrêté par des pirates et fait
prisonnier. — Ses souffrances. — Sa patience. — Sa délivrance. — M. Delamotte.
— Le R. P. Hermozilla. — MM. Berneux
et Galy. — M. Berneux, prisonnier . . .   75

Chapitre VI

Zèle de l'abbé Taillandier. — Départ pour le
Tonkin. — Incidents de voyage. — En route
pour le Yun-naïn. — Pierre Ieu. — Le Catéchiste Paul   99

Chapitre VII

Arrivée de l'abbé Taillandier au Tonkin occidental. — Les « Amantes de la Croix. » — L'abbé Taillandier nommé dans le district de Xü-Nghé. — Thieou-Tri. — Délivrance des missionnaires prisonniers. 000

Chapitre VIII

Persécution de Thieou-Tri ; sa mort. — Tu-Duck ; il persécute les chrétiens. — Martyre de M. Bonnard. — L'abbé Taillandier provicaire apostolique. — Essais d'évangélisation dans le Laos. — Le supplice de la cangue ; délivrance. — Mort de l'abbé Taillandier 000

Laval, imp. H. Leroux, rue du Lieutenant, 2.

9 782329 426457